孩子永远“惯不坏”
关键你要这样带！

—— 溺爱阻止孩子长大，爱帮助孩子成长！——

适合年龄段
0~9岁

[日] 佐佐木正美 著
王昱 译

北京联合出版公司
Beijing United Publishing Co.,Ltd.

图书在版编目（CIP）数据

孩子永远“惯不坏”，关键你要这样带！ /(日)佐佐木正美著；王昱译. -- 北京：北京联合出版公司，2017.9

ISBN 978-7-5502-9862-0

Ⅰ.①孩… Ⅱ.①佐… ②王… Ⅲ.①家庭教育 Ⅳ.①G78

中国版本图书馆CIP数据核字（2017）第035635号

孩子永远“惯不坏”，关键你要这样带！
作者：[日]佐佐木正美
译者：王昱
选题策划：读客图书 021-33608311
责任编辑：刘京华 夏应鹏
特邀编辑：李爽 沈骏 章喆
责任校对：绳刚 曹振民
封面设计：周丁乾 封面插画：刘倩
版式设计：陈宇婕

北京联合出版公司出版
（北京市西城区德外大街83号楼9层 100088）
三河市龙大印装有限公司印刷 新华书店经销
字数143千字 680毫米×990毫米 1/16 13印张
2017年9月第1版 2017年9月第1次印刷
ISBN 978-7-5502-9862-0
定价：35.90元

读客® 为孩子健康成长而读书！

给孩子一生最好的礼物，

是尽早把自己培养成最完美的妈妈！

孩子通过被娇惯、被宠爱，

感知“自己值得他人的关怀和爱护”。

这种自信就是，

“我要独自一人完成”的自立行为的原动力。

佐佐木正美

目　录

PART 1

培养孩子，就是搭建良好的亲子关系

第1章
对“过度保护”的佐佐木式独家解读

没有经历过被人呵护的孩子，怎么可能学会爱他人、以他人为重呢？只有懂得爱护自己，才有可能爱护他人。

被“过度保护”是孩子自立的原动力

本人认为，育儿阶段，不管孩子希望家长做什么，家长都可以满足他，无论付出多少辛苦都不为过，而且还要全身心投入。很多人担心——“这不是过度保护吗？”实际上在我看来，“过度保护的家长”凤毛麟角。

现在的家长，大部分都是“过度干涉”。很多人把过度保护和过度干涉混为一谈，两者本质上大相径庭。过度保护可以把孩子培养得主动乐观、积极向上，而过度干涉则掐断孩子自立的萌芽。我希望读到这本书的朋友们，大家都能做到“过度保护子女”。

“过度保护”指的是对孩子有求必应。

孩子有形形色色的需求，“抱抱！”“陪我玩儿！”“今天我要吃汉堡”……家长逐一满足他们并且有过之而无不及，那才称得上过度保护。然而，这在现实中是不可能做到的，因为家长注定会有特殊情况——“明天吧！”“现在没空！”

所以说，家长根本做不到过度保护。即使做到了，那也不是坏事。在我看来，“过度保护对孩子不好”这种论调肯定是那些想偷懒的家长提出来的。

如果一个人感觉自己受到了绝对的保护，那么他做什么事都会觉得毫无后顾之忧。比如说，你到海外旅行的时候，当地的本国大使馆为你提供全方位的后盾支持，我相信你的观光旅程一定是轻松愉快、悠然自得。相反，你要是到了一个没有大使馆助力的国家，你可能惶惶得不敢出门。

亲子关系也是如此。**一想到父母守护着自己，孩子就能无忧无虑地成长，充分发挥自己的一技之长。**

我举一个例子，这个例子可能稍微特殊一点儿。儿童福利院的孩子从小就被教育凡事自己动手，然而，无论老师怎么训练他们的日常生活能力，福利院的孩子仍比一般家庭的孩子自立得晚。因此，某福利院的老师们改变了原来的做法，决定“每个孩子都要宠”“娇生惯养”！结果发现，那些之前不能自理的孩子很快就有所改观。

也就是说，孩子通过被娇惯、被宠爱，感知“自己值得他人的关怀和爱护”。这种自信就是“我要独自一人完成”的自立行为的原动力。

人们只有在得到他人赞赏的时候才能感受到自身的价值。幼儿期的孩子得到父母、老师等的喜爱和关怀才能自发地认识到自己的存在价值。

不少人认为，“被过度保护长大的孩子只知道关心自己，不会把别人当回事”，这完全是谬论。

没有经历过被人呵护的孩子，怎么可能学会爱他人、以他人为重呢？只有懂得爱护自己，才有可能爱护他人。

所以，“对孩子百依百顺的话，他岂不是把父母当奴隶一样使唤”？这种担心是杞人忧天。假如父母能对孩子有求必应，孩子也会投桃报李，他觉得想让父母听自己的，自己首先就得听爸妈话。

我的三个儿子都是在过度保护中长大的，我尽己所能地满足他们的要求。有一次，儿子们对妻子说：“爸爸总是百分之百地满足我们的愿望，可是我们最终还是按照爸爸的意愿行事。”孩子肯定会将心比心的。

孩子无法自立，根源在于父母“过度干涉”

与“过度保护”相反，“过度干涉”是过度逼迫孩子做他们不想做的事情。父母都对孩子有这样那样的希冀，过度强求造成了过度干涉。

我作为一名精神科医生，长期以来诊治过很多患儿，来就诊的孩子当中，被父母“过度保护”的一个也没有。毁了孩子的不是“过度保护”，而是“过度干涉”。孩子无法自立，根源在于父母的“过度干涉”。

自主性和主体性的养成，靠的是把自己感兴趣的事情做下去。相反，心不甘、情不愿的事情做多了，孩子就会迷失方向，不知道自己真正想干什么。

另外，过度干涉的父母在孩子表现好的时候，通常给予他们过度的语言赞美和物质奖励。因此，孩子容易在意父母的评价，从而“讨好卖乖、动歪脑筋”，蒙蔽真实的自己。

幼儿期的日子不会出现太大的问题，进入青春期之后，一旦情况没有改观的话，孩子很可能找不到自我定位，陷入“迷失自己”

的境地。拒不上学的孩子和患厌食症的孩子，通常小时候十分老实，没有经历过反抗期。这种事例屡见不鲜，问题的根源就出在这里——家长的过度干涉掐断了孩子自立的萌芽。

当然，在培养孩子的过程中，家长有必要对孩子做一些必不可少的事情（干涉），比如，教育孩子懂礼貌就是为人父母的义务。但是很多情况下，父母美其名曰“为了教育孩子”，实则都是按自己的爱憎好恶干涉子女。“时间不等人”“为了将来着想”，大人固执己见，揠苗助长。次数多了，都是过度干涉。

快乐育儿的诀窍在于：任孩子自由决定自己成长的步伐，父母静观其变。我们家长要尽可能满足孩子的愿望，剩下的就是在一旁静待花蕾日渐饱满、最终绽放。

花儿有时候可能不会开，也有时候开得不尽如人意。但是，这一切都是生儿育女的意趣所在。

我所说的“过度保护”，它向孩子们传递了“爸妈等你慢慢长大”的讯息。

特别的话①

妈妈们，顺从“母性”，
尽情地“过度保护”孩子吧！

人们常说“母性之爱”“父性之爱”，这两个词搞得人一头雾水。

——母性之爱到底指什么？

幼儿期时，
“保护性”的母性疼爱是绝对重要的

我认为，孩子的健全成长需要充分的“母性之爱”和“父性之爱”。虽然本人不想过多强调性别分工，但是在漫长的临床生活中，我感悟到一些事情，请允许我阐述一家之言。

“母性之爱”对孩子是一种包容、认可的疼爱，换句话说就是一种“保护”的心念。孩子让背就背，让抱就抱，让陪着玩儿就陪个够，这就是“母性之爱”。我认为这种包容的“母性之爱”对幼儿期的孩子是绝对必要的。

换言之，母亲的存在比什么都重要。

但是，现如今的妈妈们过于追求“家教严谨”“精心培养”，给人感觉充满“父性之爱”。

的确，教会孩子社会规则的“父性之爱”是必不可少的，但那也是在孩子充分获得母性滋润的前提下才能见效。

男性同样舐犊情深。我对三个儿子的保护落实得十分彻底，换尿布、帮着断奶、不遗余力地满足他们的要求。

尽管如此，我妻子还是常说：“父亲再怎么疼孩子，他的那片心也无法与母亲媲美。”怀胎十月、忍痛分娩、母乳喂养，没有经历过这些的父亲怎么可能与母亲等量齐观？

想让孩子建立起丰富的人际关系，家庭内部必须有紧密的信赖关系。而建立这种信赖关系的基础，无外乎就是母亲和孩子的关系。

母亲是育儿的主角，
但是良好的配角也不可或缺

妈妈无论如何也要充分发挥“母性之爱”的光辉，包容自己的孩子。

在育儿过程中，虽然心里望子成龙、望女成凤，但是这种心思尽量不要在孩子面前流露出来。

相反，我们要经常思考孩子需要一个什么样的妈妈。在孩子需要的时候，我们满足孩子的心愿，孩子自会投桃报李：“以后我也要听妈妈的话。”

我家就是这么养大三个儿子的。儿子们成年以后从来没有违背过我妻子的意愿，为此妻子合不拢嘴地说：“这就是为人母的最高境界。”

话虽如此，母亲的力量并不是妈妈单方努力就能发挥出来的。高瞻远瞩的领导需要精明强干的部下；足球比赛里的射门没有精准

的传球也很难成功。作为育儿主角的妈妈需要有个好配角，爸爸扮演这个角色最好不过了。再者，有了爷爷奶奶、外公外婆、邻居、朋友的支持，母亲的力量就能充分发挥出来。

母亲的能力提升，或许指的就是人际关系能力的提升，请各位妈妈们广交朋友、广结善缘。

第2章
孩子的自律能力，在家长的静候中养成

我们不要试图改变孩子，
要允许孩子以其独有的步伐，
充满自信地长大成人。

为什么妈妈们对“孩子的现状”感到不安

四年半以来，我有幸在《Como》杂志[1]上为读者做烦恼咨询。

烦恼咨询，就是读者来信诉说自己在育儿过程中遇到的问题。比如，孩子不好教，希望孩子学会忍耐，希望孩子融入集体，等等，层出不穷的各种烦恼被迫切地诉诸笔端。

尽管很多妈妈感觉育儿是件快乐的事，孩子也很可爱，却也同时在来信中诉苦：“养孩子真难！”每位母亲都是从心底里疼爱孩子、祝福孩子。也许正因如此，她们才会把自己的孩子和别人的比，她们问我：“为什么只有我家孩子这么干？”“为什么这个他不会？”“怎么办才好？”“请您教教我！”妈妈们非常认真，力争做个良母。

每次读到这样的来信，我就想，孩子们没什么可担心的，让人担心的反倒是孩子的妈妈，因为她们越是爱孩子就越紧张。她们有强烈的焦虑感，所以对孩子的现状耿耿于怀，一心想把孩子变成自己“期待的样子”。

然而，妈妈的焦虑会传递给孩子，孩子也会由此变得情绪不稳。读者的每封咨询信都能让我感受到，家长越是望子成龙，越是

① 《como》杂志是日本流行的时尚杂志，主要针对年轻的已婚女性提供美丽时尚的生活信息。——编者注。

事与愿违；父母越想改变孩子，越容易碰壁；越想快刀斩乱麻，越是旷日持久。

最好的办法就是，我们不要试图改变孩子，不要望子成龙、望女成凤，只要把自己打造成“孩子心目中的好父母”就行。做孩子希望我们做的，孩子不希望我们做的尽力不做，仅此而已。如此这般，我们就能看到孩子活泼可爱的笑脸。孩子的发育和成长有早有晚，有心灵手巧的孩子，也有笨手笨脚的孩子。不管怎样，孩子都能以其独有的步伐充满自信地长大成人。这种育儿方式对母亲来说也比较轻松自在，而轻松自在的育儿才是成功的育儿。

现代社会，整体上让人感觉缺乏“培育儿童的能力”。不仅妈妈们这么想，孩子爸爸、社会团体、所有人都有这种感觉。

我小时候没什么可以果腹的东西，肚子成天唱空城计。家里没钱，妈妈每天忙得脚不沾地，从没见她闲下来过。为人父母，眼看着孩子挨饿，心里得多难受啊！

一想到这些，就觉得如今的时代真是无比幸福。然而，生于这个时代的孩子真的就比那时的孩子幸福吗？

某位著名摄影师说过，“现在的日本，拍不到孩子童真的笑脸”。据说，无论一个国家怎样战火纷飞、怎样贫穷落后，都能拍到孩子们阳光灿烂的表情。但是，如今的小朋友，想要拍出一张纯真浪漫的笑脸，简直是痴人说梦。对此我深有同感。

孩子，本就是只要能填饱肚子，美美睡一觉，就能心满意足。曾经不费吹灰之力就能获得这种满足感的我们，为什么把自己孩子弄得比战乱国家的孩子还悲惨呢？

通过四十年对孩子的临床观察，我切身体会到，我们社会培育儿童的能力确实在逐年退化。在我看来，其本质就是让孩子丧失了创造人际关系的能力。

即使当今社会实现了生活富裕、方便快捷、人人平等，但是仅靠这些，人是得不到幸福的。人的幸福与人际交往密不可分，脱离了你我互助关系，没有相互依赖关系，人无法享有幸福生活。

然而，随着文明社会的发展，物质极大丰富，互助关系也变得可有可无了。从前，家里调料用光了，可以跑到邻居家，“能不能借我点儿大酱？”现如今，去一趟便利店什么都有了，大家可能觉得跟别人借东西有厚脸皮之嫌。社会变成了现在这样子：我不给你添麻烦，你也别来烦我。

在育儿方面也是如此。如果邻里关系融洽，相互串门儿没有负担的话，大家大可以轻松地拜托对方帮自己照看一下孩子；育儿方面有什么烦恼，也可以随时请教孩子大了的家长。比如头疼孩子尿床时，会有人指着她家一表人才的儿子，告诉你：“这孩子直到小学三年级才不尿床。”诸如此类的交往，不知道给初为人母的妈妈们带来多大的勇气！

我妻子以前就总背着孩子在邻里四下走动，孩子们也是东家跑西家蹿的。来我家玩的孩子也不少，甚至有时会在我家吃饭、洗澡。日常生活中大家建立起互助合作的关系，孩子放在谁家都行。

有了这种邻里关系，很不可思议地，孩子们感到轻松自在、日子逍遥。

战火下的孩子和贫穷国家的孩子能够展现活泼开朗的一面，也许就是因为社会存在着济困互助的爱心。不幸的社会现实，令人们离开互助就无法生存，但那种社会里的孩子反而更充满活力。

培养孩子，无外乎就是培养人际关系。所谓“育儿难”并不是指家长缺乏育儿技巧，而是指家长很难与孩子搭建良好的亲子关

系。几乎可以肯定，这种家长自己的社会人际交往也处理得不好。

不管是父母与孩子，还是夫妻双方，总之，家庭内部的人际关系十分和谐，但是家庭外部的人际关系处理得一塌糊涂，这种情况是不可能存在的。婴儿出生之后，如果他只和妈妈在家里相依为命，那么他们的母子关系不会走向成熟。所以说，解决育儿难，仅仅着眼于亲子关系的改善，绝不会达到预期效果。

很多情况下，认为育儿棘手的家长，不仅家庭内部关系处不好，他们与周边的人、孩子学校或幼儿园的家长，甚至与亲生父母、兄弟姐妹、亲戚之间的关系也不融洽。这种家长的人际交往即使算不上很糟糕，恐怕也多半在与人相处时无法放松身心。

还有很多妈妈反映说：“一接触到别人家孩子，就会纠结自己孩子的缺点。”我认为会这么想的母亲是过于孤独了。

精神上被孤立的人，总想拿自己的幸福与别人攀比，在家长层面就是和别人“比孩子”。

相反，积极与人交往的人，却很少拿自己孩子与别人孩子相比，他们不会由此心生烦恼、情绪低落。认识的人越多，接触的小朋友越多，就越能理解“孩子个性多样，没有好坏之分”。家长如果有丰富的价值观，自然能意识到自家孩子虽然某方面发育晚，但也有值得夸耀的地方。对孩子来说，没有比“被拿来比较”更不幸的事了。“人家谁谁谁都会做，你怎么就不行？”这样的话真的不能说，十分伤孩子自尊。您试想一下，如果您丈夫对您说：“别人家媳妇那么能干，你怎么这个熊样？”您恐怕是忍无可忍吧。

真要比较的话，我们要善于找到孩子的闪光点，然后把他和自己比。您可以夸奖孩子说：“妈妈小时候可没你有能耐。”说个题外话，我孩子最难带的时候，当时我们正和父母住在一起。儿子们一被我批评，他们就跑到爷爷奶奶那里哭诉。那时，我父母最常说的一句话就是："你爸爸小时候比你气人多了。"听了这话，孩子们并没有把尾巴翘上天，也没有觉得自己爸爸小时候更混账。他们由此感到的不是优越感，而是安心。**大人认可自己不是坏孩子，孩子会非常高兴，仅此而已。**

在父母的否定中长大的孩子，将来就会否定别人，这一点很可悲！

越是对孩子没自信、无法认可真实的孩子的时候，越要走出门去。如果想提高亲子关系的"质量"，首要的是增加人际交往的"数量"。这样的家长需要结识很多人，我们既可以从亲戚、兄弟姐妹入手，也可以从亲生父母开始，抑或是幼儿园、保育园[①]小朋友的妈妈也行，也可以去学一些技能。总之，孩子父母要建立良好的人际关系。

费神、费时、费力地静候孩子成长，才是最好的育儿方式

听了妈妈们的心声，我注意到，对自己孩子感到头疼的妈妈，大多有"孩子难带"的强烈感慨。例如，别人家孩子能礼貌问

① 保育园是日本招收婴幼儿的儿童福利设施，仅面向父母双方由于工作或生病等原因无法育儿的家庭。幼儿园属于学校的一种，受文部科学省管辖，只招收满3周岁以上的儿童。——译者注（如无特殊说明，本书注释均为译者注）。

候，自家孩子却不吭声；不愿离开妈妈半步；一点小事就哭个没完没了。类似情况怎么都不见改观的时候，妈妈自然感觉“孩子难带”。

然而，每个孩子都是与众不同的。

有的小孩爱哭，有的小孩爱挑剔，甚至有的孩子不让人脱纸尿裤。不过，这些只意味着孩子处在某个特殊的时期，家长不必小题大做。

我有三个孩子，性格各异。有个孩子特别爱哭，我记得我曾说过：“这孩子是冬天生的，所以夏天爱夜啼，他大概不愿意过夏天。”这么想就心理平衡了。

即便是夜啼比较严重的孩子，抱起来一般就不会哭个不停了。那时，我经常把孩子放在两腿上晃，父子俩就那样睡着了。我觉得这没什么大不了的，也不觉得累。孩子躺在我腿上睡得香甜，我就保持这个姿势入眠，这根本就是小菜一碟嘛。

孩子都有自己独特的个性，体质、气质、表达方法都各有不同。**我们应该这样想：不管孩子听不听话，他都是独一无二的，未来都值得期待。**

相反，我认为孩子乖不乖并不是那么重要的事情。

孩子处于婴幼儿期时，父母普遍认为孩子带起来费劲，那是不可避免的，所以有很多家长觉得“孩子好带”“孩子早慧”很了不起。但这只不过是“曾几何时的省心”而已，父母喜出望外、百般夸耀都为时过早。

现在，整个社会都在过度追求省时省力、越快越好。但是，特别是育儿方面，“快”和“省”是最要不得的。费神、费力、费时地静候孩子的成长，才是最好的育儿方式。家长们最好有个思想准备，“育儿轻松”通常不是什么好事。

父母任劳任怨地照顾自己，孩子由此学会“信赖”和“关怀”；省心的孩子让父母感到轻松，因此不免会疏于照管，孩子就有可能学不到信赖和关怀。

家有听话孩子的家长，我们应该把由此省下来的时间和心力仍然投回到孩子身上，多琢磨如何才能更好地照顾孩子。“乖孩子”对父母的要求很少，妈妈们不妨问问孩子：“你想要一个什么样的妈妈？”然后尽可能满足孩子的愿望。

我所担心的并不是让父母操心的孩子，而是那些经常在父母面前装老实的孩子。

有些孩子在父母面前乖巧无比，但在保育园、幼儿园等家庭以外的地方却频频出状况。我与东京某地区的保育员们一起学习研讨了三十多年，对“父母面前的好孩子、外人面前的问题儿童”进行过跟踪调查。我们发现这类儿童长大后大多无法融入社会，最终走向“非社会”①、反社会的歧途。有的孩子拒不上学，窝在家里不与人接触，更有甚者走向犯罪道路。这些孩子在家里过得舒心，所以暴露不出自己的缺点。一旦在理应最舒心的家里无法找到安宁，他们就会在外面兴风作浪，引发各种社会问题。

可悲的是，父母只看得到孩子“听话”的那一面，所以无论幼儿园和学校怎么反映问题，他们也不相信。

这类孩子通常早早地就能意识到父母对自己行为或喜或悲的态度，比较早慧的孩子1岁左右就“开窍了”，他们想讨大人的喜欢，并且付诸行动。这些孩子很聪明，所以每每都能一路畅通无阻地进

① 非社会性的行为是指在某种场合下缺乏与之相应举动的行为。如不能与团体保持行动一致，无法正确把握场合和氛围，与约定俗成背道而驰，等等。

入偏差值高[①]的学校，并在学业上留下辉煌战绩。

然而，等到了青春期、青年期，他们会突然失控，无法适应社会。或者是看似完全正常，但娶妻生子后对孩子大打出手，令人大跌眼镜。

孩子让父母操心是天经地义的事，早早给父母找麻烦的孩子都是好孩子，因为他们即使闹脾气也不会上房揭瓦，拆散了你的家。对家长来说，孩子小时候费劲比长大累人要轻松得多。如果您家孩子不给您添乱，奉劝您一句：千万别高兴得太早！

① 偏差值是日本对学生智能、学力的一项计算公式值。把呈现非正态分布的原始分数转换为正态分布，由此客观反映出每个学生在整体中所占的位置。

特别的话②

爱孩子必须要“严加管教”吗

教育孩子从几岁着手比较好?
婴儿有批评的必要吗?

与母亲分享喜悦的体验，是爱心之源

父母教育子女的目的何在？“为了让孩子遵守社会规则”“为了让孩子养成自律的能力”，还有“为了培养孩子的仁爱之心”，难道不是这样吗？

果真如此的话，那么比起呵斥孩子、耳提面命，还有一件更重要的事情，那就是在孩子的婴儿阶段培养孩子的上述秉性。

关心他人、对他人痛苦感同身受的秉性，就是“与他人产生情感共鸣的能力”，一般来说，这种性情在孩子出生半年左右开始萌生。就是这么早得出奇！

婴儿出生后1～2个月，吃奶时会看着妈妈的眼睛，笑眯眯的，这就是他对满眼慈爱的妈妈的回应。孩子看到的不仅仅是妈妈的表情，他还感受到了妈妈发自内心的幸福和喜悦，情感共鸣能力就在这时生根发芽。

出生后2～3个月，婴儿逐渐产生了希望妈妈“无时无刻不是在陪着自己”的欲望。出生后3～4个月，婴儿要求妈妈不但要一直陪在身旁，而且还要哄自己高兴。5个月以后，光哄自己高兴还不够，妈妈必须与自己共同感受快乐，心不甘情不愿可不行。尽管只有5个月大，婴儿已经有了“要与人分享快乐”的认知。

“和妈妈在一起”“母子一起做快乐的事情”，这种“快乐的共享”正是“与他人产生情感共鸣的能力”和“关爱他人”的本源。人如果没有“共享快乐的能力”，就无法形成“共同分担悲伤的能力”。

例如，校园里有一些欺负同学的孩子，他们就体会不到别人的痛苦和悲伤，因为他们在婴幼儿时期与父母分享快乐的体验十分匮乏，所以同样也无法对别人的痛苦感同身受。

批评、教育都无法让孩子懂得别人的痛苦，只有经历过与人分享快乐的感受，才能培养出爱心来。

能够遵守规则的孩子，都是被母亲呵护长大的孩子

接下来，我们需要培养孩子的“遵守社会规则的秉性”，这种秉性的养成时间普遍认为是在孩子6个月至2岁左右。

孩子开始四处乱爬、蹒跚学步之后，会碰触到一些未知的事物。这时他肯定会回头看父母，寻求父母的许可：“我能碰它吗？”“我可以玩这个吗？”此时，孩子通过父母“可以”或“不行”的回应来修正自己的行为，这一现象我们称作“社会性参照”。孩子长大后学会遵守社会规则，根源就在于此。

进入少年期仍不能遵守社会规则的孩子，多数都在婴儿期里反复

经历了“回头看，却无人搭理自己”的尴尬现实，他们向父母寻求解答时，父母对他们不理不睬。不但如此，那些家长有时甚至随心所欲地命令孩子干这干那，有时又毫无原则地阻止孩子干这干那。

当孩子向父母寻求帮助的时候，父母一定要认真对待，这点至关重要。我们甚至可以说“婴儿期教育的重要性尽显于此”都不算言过其实。

自律能力在“守候”中培养

那么，“自律能力”是什么时候养成的呢？一般认为是在幼儿前半期（3岁之前）。这一时期里，父母要充分地“守候”孩子，这点至关重要。

所谓“自律”，就是指自主决定个人事务的能力。父母对孩子指手画脚的话，孩子的自律性就无从谈起。

诚然，这一时期的孩子有很多事还力不从心，大错小错层出不穷。但是，父母必须保持冷静，不气不恼、不厌其烦地加以教导。家长只是在孩子做不来的情况下才伸出援手，至于“究竟哪一天才能学会”，那就看孩子自己的造化了。父母只需静候一旁，默默关注孩子点点滴滴的进步，看着他们慢慢成长。孩子的自律能力就在家长的静候之中逐渐养成了。

如上所述，孩子的社会性、情感共鸣性、自律能力的培养，离不开妈妈在婴儿期投给他的温柔目光，千万不要忽略了这一点。被严加管教的孩子，在外人眼里可能显得“听话懂事”，但是如果没能母子连心，严加管教只能破坏最为重要的“母子间信赖关系”的建立。

第3章 孩子越难带，越要多多爱

耐心倾听孩子的心声，
静静等待孩子的成长，
沉稳对待孩子的问题，
孩子自然会茁壮成长。

难带的孩子，
一定要想尽办法多照看

有些孩子不善于控制感情和情绪，他们经常一哭起来就没完没了，还爱黏人，弄得妈妈狼狈不堪。寄到我这里来的烦恼信中有很多此类情况。与同龄孩子相比，这样的孩子确实很难带。

第2章里也提到，我认为孩子小时候折腾人比大了之后再折腾人强多了，而且小时候惹事的孩子长大以后几乎都很懂事。我也搞不清楚为什么，是因为小时候让人操心，大了显得省心。还是因为省心的孩子小时候都淘气？话说回来，做父母的也挺奇怪，孩子省心，他们就懒得管了，而那些让人操心的孩子反而能够得到父母更多的帮助。**换句话说，让人操心的孩子能努力尝试求取自己所需要的东西，他们敢说敢做，生性顽强。**

另外，这类孩子对父母有一种“爸爸妈妈一定会答应我”的信任感，正因如此，他们才敢提出自己的要求。“你管管我吧！”这种强烈情感只能倾诉在值得信赖的人身上，而这个人多半是妈妈。即使被狠狠批评、臭骂一顿，哭得上气不接下气，也要和妈妈说，孩子就是如此信任和依赖妈妈。所以，妈妈们要感到骄傲和自豪：“只有我才能养大这孩子！”同时，我们也要相信，花在孩子身上的心思越多，越能教出好孩子，这是必然的。

自我肯定感的养成
是最重要的课题

不善于控制情绪的孩子的家长通常容易搞错与孩子的相处方式，他们总是情不自禁地希望自家孩子和别人家的一样，于是总是做一些无用功。他们经常对哭闹的孩子说：“别因为一点小事就哭鼻子！”“妈妈不喜欢哭哭啼啼的孩子！”这么一来，孩子就会以为自己不是个好孩子，所以整天哭，怎么也忍不住。

因此，感情控制能力弱的孩子（成人也如此）往往自我肯定感也比较低，无法对自己产生肯定性评价。然而，要想学会控制感情的方法、与人和睦相处，自我肯定感是必不可少的。**正因为自己能够正面评价自己，所以才能重视他人，才能控制住情绪，友好待人。**自我肯定感较低、不能认识到自己价值的人，干什么都容易气馁，而且是特别容易气馁。

来自父母的肯定对于提高自我肯定感是不可或缺的，父母要常对孩子说：“你这样就很好啊！”的确，感情控制能力弱的孩子在团体活动中可能不合群，家长也被折腾得头昏脑涨。为人父母，肯定觉得孩子不应该这样下去，但是我希望家长能够超越这种想法，从“孩子这样也行啊”的观点重新整装出发。我坚信一点，孩子如果不能得到父母的认可，离开了“父母的肯定”这一出发点，就无法掌握自我控制情绪的能力。

只不过，亲子间的相处也有可能出现迷茫，妈妈本身也很难控制自身的情绪，当你感觉到“大人孩子都身心俱疲”“不喜欢孩子了”的时候，最好还是早点咨询专家。不管孩子有没有患病，专家的建议都非常有效。

太难带的孩子
会不会是“发育障碍”

当您怎么都觉得孩子带起来太费劲的时候，请教专家是一个非常重要的选择，因为不善于控制感情的孩子可能患有发育障碍。比较有代表性的就是ADHD（注意缺陷多动障碍）[①]和艾斯伯格症候群，此类孩子没有智力上的障碍，但大多控制不了感情和情绪。

在本书选登的答复读者的信中，我有几处写到“或许有ADHD倾向”。虽然我使用了这样的字眼，但请各位家长不要误解，您的孩子未必就是障碍儿童。相反，有的回信中虽然没提到，但您的孩子也有可能患有发育障碍。另外，尽管孩子没有发育障碍，但是从家长和身边人与孩子的接触方式来看，孩子也有可能出现ADHD和艾斯伯格症等症状。

---

① 注意缺陷多动障碍（ADHD），在我国称为多动症，是儿童期常见的一类心理障碍。表现是，与年龄和发育水平不相称的注意力不集中和注意时间短暂、活动过度和冲动，常伴有学习困难、品行障碍和适应不良。部分患儿成年后仍有症状，明显影响患者学业、身心健康以及成年后的家庭生活和社交能力。

我本不应仅凭一封短短的咨询信就写出“可能患有发育障碍”的话。但是，我斗胆写出是有原因的。

儿童患有发育障碍的程度各不相同，他们与健全儿童之间没有明显的界限。请您想象一下富士山的形状，顶峰处有患重度自闭症的孩子，也有患重度ADHD的孩子，但在越是临近山脚的原野，患儿与正常孩子的界限就越模糊，越是无法掌握判断发育障碍的尺度。

视力也是如此。没有任何规定说视力多少度就必须戴眼镜，如果觉得给生活带来了不便，那就去专业人士那里配镜，摆脱由此带来的不便。孩子也是同一个道理。

重要的不是发育障碍，而是我们怎样才能帮助孩子摆脱“困境”和“痛苦”，用什么方法才能让孩子天真烂漫地度过每一天。

因此，很多情况下，专家的建议比较容易见实效，因为不管孩子有没有发育障碍，面对不会控制感情的孩子，应对方法基本上是一致的。

特别的话③

如果家里或班级里有发育障碍儿童……

发育障碍儿童上普通学校就读好不好？
如何接受患有发育障碍的同学？

不要过度期待他们“与其他孩子保持同步”

很多患有ADHD、学习障碍、高功能自闭症、艾斯伯格症候群等的孩子，虽然他们有发育障碍，但是智力发育并不迟缓，这样的孩子不占少数。此时，很多父母非常迷茫，应不应该告诉其他家长自己孩子有发育障碍？应不应该把孩子送到普通学校就读？还是送到特殊学校比较好？

患有发育障碍的儿童，虽然在一对一的学习情况下理解力很高，但是在集体学习中，别人说的话通常根本听不进去。因此，即便跟得上低年级的课程，之后也会越落越远。

另外，如果授课教师没有这方面的专业知识和指导能力，很有可能在教育过程中逼着障碍儿童“与其他孩子保持同步”。

发育障碍儿童并不是没有能力，只是他们的能力发展不平衡，但我们不能试图消除这种不平衡。

试图补足他们缺乏的能力，试图用学校教育和家庭教育消除这种不平衡，都会导致孩子心灵破碎。

为此，教这类孩子时，教师必须有一定的专业水准。比如——

· 视觉化教学

· 具体明示

· 规则、标准清晰

· 一对一教学

只有用心教学，才能使所教内容在发育障碍儿童看来是有意义的事物，并作为概念固定在他们的脑海里。

相反——

· 让孩子用耳朵听老师讲话，然后完成任务

· 给孩子抽象的指示

· 不个别指导

上述教育行为，发育障碍儿童很难理解，所以把握不了其意义和概念。

如果教师不了解这些情况，教育孩子时要求他们“能够听指示行动”“能够感知集体气氛”，就会伤害到孩子，令他们失去自信。

如果孩子能够轻松自如地学习，那么去普通学校或者特殊学校都可以。

不被外人理解的悲伤，
有可能成为无法适应社会的隐患

因此，家长最好不要仅看孩子的学习成绩和人际交往，就武断地认为，“这孩子上普通学校没问题”。我们要咨询专家的建议，听专家说什么情况下去普通学校好、什么情况下选择特殊学校好。

如果家附近有特殊学校，您可以带孩子看看情况，以借读[①]等形式体验一下，哪怕每周只去几小时也行，途径应该有很多种。让孩子感受一次，听听那里的授课内容，然后再问问孩子本人的想法。

家长往往想把孩子送到授课稍有难度的地方，期望能发挥孩子的能力。然而，**真正意义上能够发挥能力的地方，都是那些略逊于自己实力的环境。**

家中有几个孩子的家长，有的特别执著于普通学校，他们认为“把孩子送到特殊学校的话，下面的妹妹有可能受同学欺负”。但我觉得，通过得到班级同学及其家长的理解，这种情况可以得到改善。还有个办法，就是和班主任说清楚，必要情况下可以在家长会等场合，向同学家长们作一下说明。

这些都好说，最令人担心的不是周围人的眼光，而是发育障碍儿童自己的想法。在幼儿园或学校不被大家理解的时候，孩子会受到深深的伤害，我们大人很难觉察得到。如果长期处于缺乏理解的氛围之中，孩子心中“适应不了”“没人理解我”的想法就会愈来愈强烈，进而有可能演变为无法适应社会。孩子被迫忍耐不适应的环境，导致青春期和青年期引发各种各样的问题，这类事例很多。

为了避免这种情况发生，苦恼于孩子患有发育障碍的家长，最好找一个合适的人咨询一下。比如，去附近的儿童咨询中心，那里会给大家介绍相应的机构或医院。希望各位家长与专家商量之后，给孩子提供最稳妥的环境。

请家长们千万注意：不能过多强迫孩子待在他不适应的环境。

---

① 此处的“借读”特指学籍在普通中学或普通小学的轻度障碍儿童，根据具体情况到特别学校等地接受指导。

班级里有发育障碍儿童时，应该怎么办

接下来，我们来个换位思考，假如您孩子的班级里有患发育障碍的同学，这种情况要怎么处理。

轻度发育障碍的话，孩子就是多少有点集中力不够，容易忘东忘西，不过也不乏妨碍课堂教学、暴力打人的情况。

最近，有关发育障碍的知识逐渐普及，越来越多的家长向班主任询问某某孩子是不是患有发育障碍。但是，未经孩子监护人的同意，教师不得把孩子患有发育障碍的事情对外公开。而且，不想把孩子病情公之于众的监护人绝不占少数。

孩子有发育障碍，父母心里都纠结不已：“孩子怎么才能变成‘正常儿童’”“我想让孩子尝试一下去普通学校”。每次听到这样的话，我都痛心地感到，他们来找我不是为了孩子，而是为了他们自己有个盼头。可是，障碍儿童的父母就是这样，他们要纠结很多、很多年，心里才能跨过这道坎儿，接受现实。

我有时会专门面向障碍儿童的家长举办讲座。每当我说到“各位要接受您孩子的现状”，就有很多家长低下头，手擦眼角。无法接受孩子的病，心有不甘，这样的家长太多了。如果班级里的同学家长们，都能理解他们的痛苦和不甘就好了——障碍儿童的父母，痛苦地纠结着，请大家多多支持他们！

引导孩子们
把发育障碍儿童的行为看成其个性

只要班级里有患发育障碍的同学，不管有没有人给孩子们解释这种疾病，他们都会感觉这个同学与众不同。不过，小孩子往往比较单纯和善良，他们不会由此认定那名同学是怪胎。

“××同学跑得快”“○○同学画画好”，顺着这种思路就有“△△同学有时突然尖叫”，孩子们对发育障碍儿童接受得很自然。

这是一种非常健全的思维方式。

因此，“实际上，△△同学如何如何”，家长们没有必要这样刻意向孩子解释一番。同时，我们也希望这些孩子长大以后，也能秉持初心，自然地接受有缺陷的人。

如果障碍儿童与同学发生冲突，家长可以找老师或保育师商量：“有这么个情况，我家孩子有点儿小问题，您能不能帮忙照看一下？”这样一来，老师们就会采取相应的措施。

在家里，家长们也不要告诉孩子“△△同学有发育障碍”，而应该向他解释，“听说△△同学害怕别人突然靠近他，有的小朋友害怕狗靠近自己，原来也有小朋友害怕人靠近自己呀！”孩子理解这种情况之后，就会加以注意了。

第4章
在家得到的爱越多，越容易融入集体生活

想要孩子与朋友倾心相交，
家庭里必须有温馨时刻。

如果孩子没有得到足够的母爱，就无法融入集体

最近，好像有很多人武断地认为：“能够早早融入集体的孩子就是好孩子。”从读者的咨询来信中，我也能感觉到很多家长苦恼于孩子不能融入集体生活，做事不与他人合拍。

确实如此，与朋友度过快乐的时光，这点对于孩子来说非常重要。我也经常说：“即便没有父母，也有很多人过着幸福的人生。但是，完全没有朋友的孩子，却很难拥有幸福。”一个人不管学业多么优秀，不管体育多么拔尖，没有朋友的认可，他将无法找到自信，也不会善待自己。人际关系就是如此的举足轻重。

但是，在建立“与他人的关系”之前，必须构筑好牢固的“亲子关系”，而这种亲子关系应该在两三岁之前确立起来。

对于3岁之前的孩子而言，妈妈是不可或缺的重要存在。哭了有妈妈哄，妈妈随时都陪在身边，时刻守护自己，这种最基本的信赖感是建立人际关系的基础。有了这个基础，孩子才能信赖幼儿园或保育园的老师，才能信赖同龄的小朋友们。

大家不妨试想一下，好比孩子心中有一只玻璃杯，杯子里注满了妈妈的爱，如果母爱多得盛不下了，孩子就能把溢出来的装进水壶里，带着它和小朋友出去玩儿。至于玻璃杯的大小，每个小朋友因人而异。杯子小的，马上就能装满，就是说孩子容易满足。但

是，杯子大的话，可能要花更多时间才能装满，相当于孩子渴望和妈妈在一起的时间也就更长。对母爱的需求和孩子年龄大小没有关系，妈妈只管多陪孩子就是了。只要杯子里的母爱足够多，孩子自然而然就能顺利走进朋友圈。

孩子对母爱感到满足时，就能在保育园待得住

我认为，孩子可以痛痛快快地不再黏着妈妈是4岁以后的事。幼儿园原本只收4岁以上的儿童，这是十分有道理的，因为这个年龄段的孩子已经可以逐渐感受到集体的快乐。有的孩子已经4岁了，却仍然对集体不感兴趣、避而远之，家长可以解读为，“他还没有完全满足于和妈妈的亲密关系”。在未来的日子里，集体生活孩子想体验多少就能体验多少，所以家长要沉住气，“现在这段时间就让孩子在家充分享受母爱吧”。

由于工作关系，很多妈妈把不满3岁的孩子送到保育园，将来这种情况可能越来越多。

我丝毫不认为妈妈去工作有什么不妥，也不认同职业女性带不好孩子一说。我母亲当年就是和父亲一起干农活儿，从早忙到晚。孩子妈妈出门上班没什么可说三道四的。

只不过在现代社会，情况与以往有所不同。妈妈上班把孩子托给别人带，与孩子接触的时间必然有所减少，正因为如此，很多职

业女性内心感到愧疚，对孩子有种负罪感：“我给孩子的爱是不是太少了啊？”

不过话说回来，并不是母子待在一起的时间越长就越好，这是个密度问题，关键在于亲子时间是怎么度过的。时间越短，质量就越发显得至关重要了。

孩子和妈妈一起待在家里的时候，妈妈的整体形象就留存在他的脑海里，他每天带着对妈妈的依恋去保育园，并以此作为心灵的支柱，在那里度过数小时。只要妈妈给孩子留有和蔼、温馨的印象，他就能在保育园待得住。另外，在回家后到临睡觉前这段时间，尽管只有两三个小时，只要孩子能够充分得到妈妈的疼爱和关怀，他就能保持着美好的记忆，第二天就会愿意去保育园。所以说，妈妈工作绝不是坏事。

因此，妈妈和孩子的相处时间越短，越是无论如何也不能浪费这几个小时。我希望孩子妈妈们能够优先考虑与孩子的共处时间，不要对孩子说：“妈妈累了，让妈妈休息一会儿！”“妈妈还得收拾屋子、洗衣服呢！”我们要满足孩子的愿望，这点做到了，孩子就能融入到集体之中。

母爱越不满足，
反而越不愿意回家

早上去保育园的时候，有的孩子哭个不停，说什么也不愿意离开妈妈。这类孩子多半是在母爱上没有得到充分满足。而且，让人觉得不可思议的是，越是这样的孩子，放学了妈妈来接的时候，越不愿意回家。

大家通常认为，早上离不开妈妈、哭得稀里哗啦的孩子，见到妈妈来接自己，那肯定得狂奔过去的吧。实际上大家都想错了，那些满足于母爱的孩子才会痛痛快快地上学，然后放学时飞跑到妈妈跟前。这是千真万确的事实，我敢打包票，因为我与保育园的保育员们坚持学习、交流长达三十年之久。

孩子上学时不让妈妈走，放学时又不想跟妈妈回家，对于这种情况，妈妈要心里有数，“这孩子和妈妈没待够”。认识到这一点，妈妈就应该在家里多宠孩子、多陪孩子。等到孩子对母爱感到满足的时候，他在集体生活中的表现必然会有所改观。不仅仅是幼儿，小学生也是如此，请家长们谨记！

特别的话④

在复杂的社会里，要教孩子“相信别人”吗

在恶性犯罪接连不断的今天，应该如何传递信赖感？

每个人心中
都有善念和恶念

孩子被卷入犯罪的事件接连发生，做父母的肯定很担心，因此害怕孩子接触外人，这是可以理解的。但是，我们不能因噎废食，不向外人释放自己的善意。正因为时代如此，我们更要学会相信别人的善意。

世上有坏人，有可怕的人，但好人更多，父母要如实地教给孩子。

前几天，我开车迷路了，向两个学生问路。他们俩认真想了一下：“用嘴说不太清楚，还是我们带你去吧！”于是他俩在我车前面（那可是车道！）跑起来，一直跑到我要找的地方，这俩孩子心很善！

就像这样，世上好人多得很！但是，我们没有一个人从头至脚都是善念的，任何人都是善念和恶念并存，必定如此。“不许对人有一丝恶念”这种教育方法是行不通的，因为任何人都有恶念，我们自己也有。即便如此，我们也要把孩子培养得能够相信别人的“善念部分”，而且能够传递自己的善念。

因为被父母珍爱，所以才懂得珍爱自己

我们必须努力塑造出人人互信的社会，必须培养孩子对他人的信赖感。不过，我这里说的信赖不是指“相信素昧平生的人”，各位千万别误解。

我指的信赖是指相信朋友、相信邻居阿姨、相信亲戚……我们要构筑一个能够与周围人互信互助的社会，构筑的基础就是“父母和孩子的信赖关系”和“对自己的信赖感”（自我肯定感），这两者是建立相信他人善念的先决条件。

各位家长能做到相信自己的孩子吗？

“相信”这个词可不能张口就说、随时乱用。现在有很多人无法真心相信别人，所以更愿意把“我相信你”挂在嘴上，但这样也无法把怀疑化为真信。

父母如果不能相信自己的孩子，就会变得婆婆妈妈、絮絮叨叨，总想指挥孩子。

妈妈可不能这样，一定要告诉孩子：“你能来到这个世上做妈妈的孩子，妈妈太高兴啦！”“你做得很好，我的好孩子！”这种心态培养出来的就是“信任”。

当然，父母都希望孩子有出息，所以在家庭中教给孩子各种道理。

我也是如此。我也和妻子说过，希望孩子如何如何，但我后半句肯定会立刻接上“不过不行也没关系”。父母只要有这个认知，

孩子就能无忧无虑地长大成人。

因为被父母珍爱，所以才懂得珍爱自己。

因为父母被信赖，所以也能信赖他人。

我们更应该维护的是孩子的自尊心，而不是家长的体面

以前，为了拍一档电视节目，我曾经去少管所取材。

当被问及父母的时候，这些少年犯虽然表达各异，但都道出了一个共同点：“爸爸妈妈总是优先考虑他们自己的颜面和自尊，对孩子的颜面和自尊却置之不理。”

父母有自尊心，同样道理，孩子也有自尊心。

据少年犯讲，当两者发生冲突的时候，他们的父母根本不会优先考虑“孩子的自尊心”。

有个孩子讲述了这样一件事。考重点高中落榜的时候，他对父母说：“不念A高中也行啊！”实际上他对他后来去的那所高中非常满意，过得也很愉快。没想到，当时他的家长气愤地说：“你考不上，我这张脸往哪儿搁？”

听明白了吗？这位家长想要的是“能考上A高中的孩子”，这和想要一只带有血统证明书的宠物是一个道理。孩子敏感地意识到了这点，内心很痛苦，自尊心被践踏得粉碎。

孩子的自尊心是最重要的。为了维护孩子的自尊心，家长的脸面可以通通抛到地下，踩上几脚都行。

父母一丝一毫也不能让孩子认为自己“给父母脸上抹黑”。

自尊心和体面得到了父母的维护，孩子就能感受到“被父母信任”，由这种信任，孩子进而认识到“我是一个有价值的人”。

珍惜自己的人，才能珍惜他人，才不会走邪路。

第5章 给多个孩子的爱，怎样“平均分配”

孩子有各自的不同需求，
在他们需要父母的时候，
父母给予相应的帮助，
这才是真正的“公平”。

不用每个孩子都一碗水端平，要观察每个孩子的不同需求

我有三个孩子。在如今这个少子化[①]时代，孩子有兄弟姐妹显得弥足珍贵，他们可以通过手足之情学习人际关系、吵架方法、和好方法等各种技能。

但另一方面，妈妈们也有各种苦恼，“我也想一碗水端平，可是做不到”“我想对每个孩子一视同仁，可还是偏向一个”。一母同胞的孩子真的是非常幸运，不过同时也有很多棘手的问题。

首先，从“公平”“平等”的角度来看，父母的爱、时间、金钱等不可能“平均分配”给每个孩子。孩子有各自的不同需求，需要父母照顾的程度也不尽相同，他们的追求各异，想走的路也千差万别。

有的孩子希望父母多多陪自己，也有的孩子早就不愿意黏着父母，希望自力更生；有的孩子离开父母的百般呵护就无法找到人生道路，也有的孩子能够轻而易举地明确自己的前进方向。**孩子因人而异，各有千秋。在需要父母的时候，父母给予相应的帮助，这才是真正的“平等”、真正的“公平”**。“这个孩子管了三回，那孩子同样也得管三次”，没有这个必要。就拿吃饭和喝牛奶来说，每

① 少子化一词源自于日语，是指生育率下降，造成幼年人口逐渐减少的现象。

个孩子的需求量不一样，你让饭量大的孩子和饭量小的吃一样多，那才叫不公平呢。

不管你有几个孩子，两个还是三个……每个孩子都要照顾到、照顾好。从我自身的经验来看，家长如果有心观察孩子的需求，自然就会知晓他需要父母多大程度的关怀。

不管有几个孩子，
每个孩子都当独生子女看待

同时，不论您有几个孩子，每个孩子都应该当成独生子女看待。我养育了三个孩子，从内心里我把他们每一个都看作是独生子。**父母应该对每个孩子的特点了如指掌，琢磨和欣赏他们的独特之处，而不是比较他们的优劣。孩子各有不同，但每个都值得父母完整地疼爱。**

父母与孩子一对一的时间也必须得到保证。父母的爱和想法，在与孩子一对一的情况下才容易沟通。孩子需要父母单独听取自己要求的时间，我称之为“独子时间”。比如父子（父女）俩、母子（母女）俩一起吃零食什么的。我妻子说，在这个时间里教给孩子一些事情，让他懂礼貌之类，孩子很容易听进去。

几个孩子一块儿围着父母的时候，他们的各种要求会蜂拥而至。如果几个孩子同时跟父母说话，父母只能逐个听，必然有孩子被排到最后。即便如此，只要这个孩子的“独子时间”有保障，他

就会理解父母。

前几天我在电视上看到一档节目，讲的是鸟妈妈给雏鸟喂食。雏鸟有好多只，它们争先恐后地张开小嘴，嗷嗷待哺。鸟妈妈可谓气定神闲，她没有呵斥雏鸟们“别吵了！叽叽喳喳真烦人”。只见她把食物依次喂到雏鸟嘴里，然后展翅而飞去捉虫子。

我抚养三个儿子可能也是这样。我记得那时我按顺序听他们每个人的要求，然后逐个满足他们。想坐我腿上的，让他坐；想趴我后背上的，让他趴……白天我上班，下班回家马上就陪孩子，那些日子非常快乐温馨。

家有独生子女的父母，注意不要过度干涉孩子

现在独生子女的家庭与日俱增，有些家长认为“独生子女容易任性妄为”，所以他们故意严苛地管教孩子，其实这种想法和做法大错特错。

孩子在学习与人沟通的时候，不会首先想到“迎合他人”，而要在他们体验过别人迎合自己之后，才会想到投桃报李。因此，能够充分得到父母宠爱、从父母那里予取予求的独生子女，比较容易与其他孩子玩得合拍，自立得也比较早。从这点来讲，说独生子女任性、不听话，那是谬论。

我认为，独生子女骄纵任性，那也是因为父母过度重视孩子，

导致过度干涉造成的。父母对孩子期望过高，导致孩子容易欲求不满，因此才变得任性妄为，有时孩子好不容易养成的自立性也会遭到破坏。

越是独生子女，越要格外注意避免过度干涉。家长要善于观察，尽心做好孩子期望的事情就够了，这样，孩子自然能快快乐乐、朝气蓬勃地成长。

“因为是独生子女，所以希望孩子早点体验集体生活”，这种想法也是错误的。首先，亲子之间的信赖关系先要建立起来。然后，孩子在父母的陪伴下结识小朋友。在那之后，孩子才能进入集体生活。这个次序不能颠倒，特别是“在父母的陪伴下结识小朋友”这个阶段，父母的帮助多多益善，无论是上了幼儿园还是上了小学，都是如此。

父母最好有意识地帮孩子结交几个亲如手足的朋友。您可以多组织家附近的同龄孩子及其父母集体游玩，多创造机会，让孩子与堂（表）兄弟姐妹建立起手足之情，比如休息日邀请两三家亲戚一起去动物园、游乐场等。看到父母们亲密无间，孩子们就能在一起撒欢儿地玩，彼此放心大胆地吵架，因为不用道歉就能和好如初。

特别的话⑤

要让孩子自信，玩耍很重要

玩耍为什么非常重要？
应该如何引导孩子玩耍？

拥有与他人产生情感共鸣的能力，才能懂得珍惜他人

由十几岁孩子引发的骇人听闻的事件不断发生。杀害父母和兄弟姐妹，残害家人的杀人事件时有发生，欺凌导致的自杀事件也是毫无杜绝之迹象。

引发不幸事件的少年们有一个共同点，那就是缺乏“与他人产生情感共鸣的能力”。没有情感共鸣的能力，就无法感知他人的悲伤，所以才会欺负他人、夺人性命。这样的孩子很不幸，因为在致死他人的那一瞬间，他的人生也随之终结。未来、家人、自尊心，所有的一切都失去了。

“与他人产生情感共鸣的能力”是迈入幸福人生的原点。最早掌握这种能力是在婴儿时期，哭时有人哄，笑时有人陪……这种与父母情感相通的经历，是培养“与他人产生情感共鸣能力”的基础。

但是，仅仅与父母情感相通还不够，朋友的存在也不可或缺。所有的孩子必须体验和朋友一起的感受，“明天还一块儿玩啊！”“和你玩真高兴！”因为只有通过不断积累这种经历，孩子

才能懂得珍惜他人——遵守规则、承担职责、体验成就感，尽在游戏中。

道德观和规则的必要性
只能在玩耍中养成

快乐的游戏需要“遵守规则”，多人一起做游戏的时候，必定产生游戏规则，从非常简单的小规定到体育竞技的复杂规则，不一而足，但绝对都是大家共同制定。

游戏中有“角色分担”，孩子们在游戏中肯定不愿意担任特别轻松的角色，而是希望能成为“主角”——比如打棒球希望当投球手，坐电车的游戏希望当乘务员。可想而知，不可能每个人都能如愿，所以考虑到成员构成，孩子会退而求其次，“我当这个角色也行”。而且，为了得到这个角色，他还要征求其他成员的同意。

争取到角色以后，孩子会认真地完成自己的角色扮演。玩跑步游戏时尽全力跑；玩咖啡馆游戏时努力不让手里的水杯洒出一滴水。另外，游戏结束之后，孩子们能够一起分享“成就感和快乐”。即使有的小朋友在游戏中做得不好，他也不会被责备，因为没有人会责怪一个认真负责的小伙伴。

就这样，孩子们在玩耍中学会了道德和伦理观。不，更准确地说，孩子们“只能在玩耍中”学会道德和伦理观，这并非言过其实。玩耍就是这么重要啊！

放任不管的话，孩子们玩不起来

全日本有十四万拒绝上学的儿童，他们不全是因为学习不好才不愿意上学。引发不幸事件的孩子里，不乏成绩优秀者，可惜他们无法建立起良好的人际关系，不能和朋友们开心地打成一片。

大家明白了吗？孩子的骄傲和自信从学习中是无法培养出来的，这点千真万确！**不管学习多么好，如果得不到朋友们的认可，他就无法发现自己的存在价值。**

过去，孩子自己就能玩，根本不用家长管，更不用大人叮嘱“玩的重要性”。相反，家长不盯着孩子看书、锻炼技能，他们就想不起来学习，因此导致一个错觉——书本知识和培养技能比玩要更重要。然而现在的孩子，大人不管他的话，他就玩儿不起来了，已经不知道该怎么玩儿了。这是一件多么危险的事情，我希望家长们都能意识到这个潜在危机。

如果没有游戏场地，开放自己的家是最理想的选择

如果您想好好培养自己的孩子，那么必须操心一下自家孩子是否能有地方和朋友们尽情玩耍。

如果没有“场地”，那就把自己家敞开来，让小朋友们到家里

玩儿，这是最佳解决方案。

不怕您笑话，二十年前，我三个儿子还在上幼儿园、小学的时候，我把家里最大的房间拿出来供小朋友们玩儿。

孩子们可以随便出入，乱蹦乱跳、乱涂乱画都行。地毯是便宜货，壁纸也能随时换，但大家说好，其他房间不准进。我妻子给孩子们准备一些零食，其他的好像就不管了。

什么样的孩子都来我家玩儿，其中有一个，他家里人根本都不管他。他来我家后打开冰箱找吃的，我妻子跟他说：“咱们不能随便开人家的冰箱，你想吃什么跟阿姨说，阿姨给你拿。如果家里没有，阿姨马上去买。”那孩子如愿后非常听话，下雨的时候他还曾经提醒我妻子收衣服。

也许有人会说：“别人家孩子管那么多干吗？”我和妻子并不是为了别人家孩子才敞开大门的，而是为了给三个孩子找朋友。如今少子化现象越来越严重，孩子可以找到的玩伴也有限了，如果不把形形色色的孩子招到我家来，儿子们就无法学会与人相处。

尤其需要强调的是，家长千万不能越俎代庖替孩子挑选玩伴。父母总是不希望自己的孩子和那些缺乏家教的孩子、脾气暴躁的孩子一起玩，然而世上既没有一无是处的人，也没有尽善尽美的人。

我们要接纳孩子的朋友，“不要紧！善恶一起打包带回家吧！因为我要在家庭生活中教孩子怎样分辨美丑、善恶”，家长应该像这样成竹在胸。

当然，您也可以与大家约法三章，比如：“孩子不在家的时候不能来玩儿！”“每周星期几不招待大家！”

父母广开交际圈，孩子无形中效仿

我带儿子去公园玩接球游戏，或者看棒球比赛的时候，总是尽可能多地邀请其他小朋友参加。

对孩子来说，比起家人，与小伙伴们一起玩儿更开心。同样，其他家长带孩子看电影、旅行或是看足球比赛什么的，也会叫上我家孩子。我家孩子在朋友家洗澡、吃晚饭的次数更是多得数不过来。

想要营造这样的环境，家长首先必须广开交际圈。

在自己社区中寻找有共同语言、可以交心的人，主动与他们交往，之后建立互相依赖的关系。如果家长与周围人的关系是“各人自扫门前雪，莫管他人瓦上霜”，孩子就无法自立。**“自立”指的不是“不求人”的状态，而是指有能力构建“我有事时求你，你有事时求我”的人际关系。**

自家孩子去小朋友家玩，给人家添麻烦了，我们由衷感激。同时，我们也欢迎小朋友们到自己家来……希望各位家长能够建立起这样的人际关系。

第6章
爸爸妈妈要先让自己幸福起来！

妈妈们要平复内心的创伤，
为了给家庭带来欢声笑语，
也为了自己的幸福。

一个幸福的人，
能够带给他人幸福

在这个部分的最后一章中，我想稍微谈谈人类的幸福。

我们大家是不是一直把自己的幸福误解为是“只属于自己的幸福”？是不是把爱护自己理解为“只需爱护自己”？

人际关系是一种相互依存的关系，我们茕茕孑立、形影相吊的话，不可能获得幸福，只有在人际交往中才能找寻幸福。身边的人全都不幸，而我一人独享幸福，这在现实中是不可能的。

只知道爱护自己的人，他们必定孤独终老，而且带有各种心理问题。不会爱护他人的人，只会虚度人生。

一个幸福的人，一定也能将幸福传递给他人。这个“他人”，有可能是自己的家人；也有可能是他作为志愿者，救助的贫困国家的儿童；如果他是一名体育选手，还可能是支持他的球迷。无论打出多么漂亮的本垒打，没有欢呼的球迷和队友，那将毫无快乐可言。无论怎样腰缠万贯，却是孤家寡人一个，没有可信之人，怎么可能幸福？

幸福的形式丰富多彩，但有一点是共通的，那就是只有心中有让我们牵肠挂肚、想给予他幸福的人，我们才能感觉幸福。一个人心甘情愿地想让另一个人幸福，这是外人无法左右的，因为只有给别人带来幸福，自己才能感到幸福。

我认为，这就是人类的原点。

各位爸爸妈妈们在结婚之前，都是自由自在地享受着自己的生活吧？既不差钱，又有自由，每天打扮时尚，快乐充实。但是，一旦有了孩子，生活发生了巨大变化。或许您偶尔会觉得“我为了某人牺牲了自己的人生”。

其实并非如此。生儿育女，给孩子幸福生活，爸爸妈妈也能由此感受幸福。您关心自己的另一半，同样就能从自己的另一半那里获得关爱。您孝敬老人，同样就能得到孩子的孝顺。人就是这样一种存在，希望爸爸妈妈们能够重新审视一下。

聊天是维持夫妻信赖关系的好方法

家庭当中，夫妻要举案齐眉、互敬互爱，让对方有幸福感。**最好的育儿方式，就是认可孩子的现状，不苛求他多么优秀，而是自己努力做孩子心目中的父母**。育儿比较轻松的家长，不管是夫妻哪一方，都是能够得到另一半包容的人。包容别人的前提是，自己首先被接纳、包容。

实际上，虐待孩子的父母，他们的夫妻关系肯定是不和谐的。这并不是说，夫妻关系不好注定要虐待孩子。不过，夫妻关系好的话，绝不会发生这种事情。虐待孩子的父母，通常是因为自己没有得到伴侣的认可和包容，故而无法接受孩子，不能带给孩子幸福。

对于维持夫妻的信赖关系，聊天是一个好办法。孩子还小的时候，每天等他们睡着以后，我肯定会准备好啤酒或葡萄酒，和妻子聊一会儿天。或是闲聊一些鸡毛蒜皮的小事，或是商量一些比较头疼的事。为防夫妻离心离德，一定要腾出二人交心的时间，这种努力是不可或缺的。丈夫工作忙、回家很晚的情况下，至少要在周末找时间，夫妻俩好好聊聊。

育儿是最值得夸耀的、了不起的事业

本书中介绍的咨询来信，讲述的看似育儿烦恼，实则多是妈妈们对自己父母或丈夫的吐槽，以及她们苦恼的自身问题。

我在前文中写道："孩子小时候与妈妈的关系至关重要。"对于爸爸妈妈来说，其实不仅仅是亲子关系，与丈夫、父母、兄弟姐妹、亲戚、邻里等所有人的关系都十分重要，它们与为人父母的幸福息息相关。这些关系处理好了，爸爸妈妈才能身心轻松地育儿。另外，孩子从小到大对爸爸妈妈的人际交往耳濡目染，他也会有样学样。可以说，孩子是在父母建立起来的人际关系网中逐渐走向成熟的。

因此，各位爸爸妈妈千万别以为孩子只要和自己关系好就行了，您也要重视自己的人际交往。也许，有些爸爸妈妈正面临很多烦恼和问题；有些爸爸妈妈有着痛苦的成长经历；有些爸爸妈妈不擅与人交流。不管具体情况如何，我们就把这当成是重新审视自己人生、改变自己的一次机会吧！

最理想的情况是：家长们给周围的人带来幸福，自己也由此感到幸福；看到孩子的幸福表情，自己感觉甜如蜜；看到一家人和和美美，自己也乐在其中。

我认为，世间三百六十行中，育儿是最伟大的工作。我们要带着骄傲和自豪，把育儿进行到底。“孩子幸福是我的快乐，家庭美满是我的骄傲！”请爸爸妈妈们带着这样的心情养育您的子女吧！

我由衷地相信，您一定会幸福的！

特别的话⑥

夫妻想要同心协力熬过育儿的艰难时期，
“互相分享喜悦”的体验不可或缺

丈夫不帮着带孩子——
一有孩子，爱情就变味了吗？

是因为两情相悦才结婚的吗

前几天，有人跟我说起一对夫妻的事情：结婚有了孩子以后，丈夫却不打算改变原来的生活方式，带孩子和家务活儿完全推给妻子一个人。丈夫下班一到家，马上坐在游戏机前打游戏，不哄孩子，也不和妻子说话，完全陷到电视游戏里了。

看到丈夫对孩子毫无兴趣、不理不睬的样子，妻子也许觉得是孩子不讨他喜欢。但是，我认为问题不在孩子身上，而在于夫妻感情上，因为如果双方是真心相爱，继而结婚生子，且夫妻感情也没变的话，宝宝出生后，丈夫理应与妻子一道，充满热情地投入到育儿当中。因为有爱，所以丈夫帮妻子干多少活儿都心甘情愿，即使放弃以前的生活也未尝不可。

所以，我想追问这对夫妻的“恋爱”本质，真的是两情相悦才结婚的吗？对于孩子出生后暴露出来的“夫妻关系”问题，我觉得有必要重新作一下审视。

恋爱始于自爱，夫妻共处升华了爱情

爱情原本就是一种把幸福带给对方，并以此为乐的情感。另一方面，爱情中也包含着“渴望被爱”“珍惜自己感情”的自爱之心。

恋爱通常始于自爱。**我们心里觉得“我爱这个人”，实际上并不是在为对方着想，而是内心之中感觉“离开这个人，我会寂寞得要死”“这个人能让我开心，所以我喜欢”，这就是自爱。**

世上没有自爱为零的人。不过，结婚几年后，被爱的渴望逐渐减弱，这说明内心之中产生了真正的爱情。

明明当爸爸了，还沉迷游戏，对于这样的丈夫来说，妻子可能只是一个满足他自爱的存在而已。妻子生孩子之后忙得不可开交，无法满足丈夫的情感需求，所以他立刻觉得这样的妻子没必要爱了，也无需帮她带孩子。真相恐怕就是如此。

不能为妻子分忧的丈夫，他们爱妻子的本质是什么？我想追问一下，难道不是自爱吗？

自爱得不到满足，无法真正爱别人

我感觉，最近自爱强烈的人比以前多了，培养不出真正爱情的人也越来越多。为什么会这样呢？

从根本上来说，婴儿天生只知道自爱，他们不断向大人发出“快看我”“好好照顾我”的信号。这些信号，父母全部接收不误，然后逐一加以满足，这样孩子就能步入下一个“爱他人”的阶段。这样成人后，我们才能真正意义上爱他人。**因为小时候体验到充分被爱的情感，使我们有了足够的爱，不必再向别人乞求。**

结婚后，丈夫想不到帮妻子，恐怕他小时候没得到父母（或者其他监护人）真正的爱。因为自己不被他人爱，就学不会爱他人；自己不被关心，就学不会关心他人。

对于只会自爱的丈夫，妻子对他发的牢骚越多，夫妻感情就会越冷淡。一味地指责、闹别扭，这样解决不了任何问题。那么，妻子应该如何去爱这种类型的丈夫呢？

夫妻想要同心协力熬过育儿的艰难时期，我觉得“互相分享喜悦的体验”是不可或缺的。能够与你“同甘”的人，才能与你“共苦”。正常来说，夫妻一般都是通过分享宝宝出生的喜悦，就能相互分担育儿的辛苦。

如果丈夫在孩子身上感受不到喜悦，妻子也可以通过其他方式与其沟通感情，比如偶尔把孩子托付给别人，夫妻俩去听听感兴趣的音乐会，在外面美餐一顿，等等。

PART 2

各种“怎么办”，佐佐木正美来支招

第7章
孩子哭闹怎么办

您气定神闲地陪孩子，
孩子的情绪也会慢慢稳定下来。

妈妈们的问题 01

孩子总是因为琐碎小事而号哭不停

我家大儿子3岁半了，根本不听我话。比如，我去幼儿园接他的时候，他说回家要吃冰激凌，我劝他："马上就吃午饭了，咱们吃完饭再吃冰激凌吧！"这下可捅了马蜂窝！"我不！我就要吃冰激凌！我就要吃冰激凌！"一下子就哭喊起来，号个没完。这孩子饭量小，所以想让他饭后再吃冰激凌，可他就是不听。

还有，他半夜开冰箱，"冰箱里没有牛奶啦！我要喝牛奶！"又扯起嗓子开号。这样的事情多得很，而且每天都如此，一天哭好几场！

我也不想发火，打算耐心哄他，我也觉得自己已经最大限度地抽出时间和他讲道理，可他根本连听都不听。我越来越担心这孩子将来无法适应社会，也因此打过他，我也定期去本地的"育儿咨询处"，但是根本解决不了问题。我现在身心疲惫，请您帮帮我！

1岁女孩和4岁男孩的妈妈

佐佐木正美解答

妈妈也很痛苦，然而最痛苦的应该是这个孩子。能帮得了他的只有妈妈

现在孩子最需要的，就是共同分享快乐的体验

任何人都有想吃、想玩儿、想哭的欲求，但是人们能够或多或少地控制自己的欲望和情绪。在这里，我们把这种能力称之为“感情控制能力”。

那么，孩子是如何掌握“感情控制能力”的呢？这种能力的培养始于孩子与母亲不断分享情感（喜悦、悲伤、感动等）的体验。

5个月到3岁的孩子逐渐学会“与他人产生情感共鸣”的能力。比如，看到婴儿爬得很欢实，妈妈也跟着一起爬的话，孩子会开心得不得了，这就是“快乐的共鸣”。尽早多经历这种分享体验，对孩子相当重要。**“孩子的快乐就是父母的快乐”，认识到这一点的孩子能够在早期学会控制情感。**

您儿子3岁，还为时不晚。您要尽可能满足孩子，越宠他，他越听父母话。您担心让孩子任性下去会无法适应社会，其实不会的，孩子不会变得无法无天。

孩子想吃冰激凌就让他吃，看着他津津有味、满脸幸福的吃

相，妈妈也跟着感觉幸福就行，这就是“快乐的共鸣”。如果您不情不愿地让孩子吃，那就没有意义了。坚持几天下去，孩子就可能说：“冰激凌等吃完饭以后再吃也行。”他也想让妈妈高兴高兴。

您也可以尝试做比冰激凌更有吸引力的饭菜。给孩子看菜谱上的图片，问他想吃哪个。希望您能够绞尽脑汁，做出几道比冰激凌更吸引孩子目光的拿手好菜。

强制让孩子按照大人意愿行事的话，孩子无法养成控制感情的能力。反其道行之，父母随孩子的愿，孩子长大后必定听话。

我们也要考虑ADHD等发育障碍问题，并给予特殊关注

虽然仅靠一封咨询信无法做出确切判断，但我觉得这孩子有可能患有ADHD，这种情况下，专家的建议比较有效。您最好带孩子到小儿神经科或者大学附属医院的小儿科看看，不要去保健所的“育儿咨询处”。

我建议您去医院，绝不是想给孩子贴上“ADHD患儿”的标签，ADHD患儿和未患ADHD的孩子之间的判断界限是很模糊的。就如同血压的高与低没有一个具体界限一样，ADHD只是一种提醒大家特别注意的标记。

ADHD患儿需要很长时间才能从混乱状态中镇静下来，呵斥和说教并不能让他们立即恢复正常。

面对这种情况，如果父母特别急躁，那么大人和孩子都可能陷入泥潭无法自拔。家长必须有坚持不懈的决心和毅力，明白“培养

这孩子得花很多时间”。**我们不能要求孩子按大人的步伐成长，父母必须认可孩子的成长节奏，精心地加以呵护。**

另外，孩子哭闹的时候，我们要认识到孩子自己也很痛苦，“吃不到冰激凌”“没有牛奶”，孩子受到了很深的伤害，所以才会拼命哭诉，他那是在期待妈妈帮他。

我们不能冲孩子发火，并且要心里隐隐自豪——“这孩子只有我才能帮得了他”，然后尽全力满足他，或是冰箱里牛奶不能断，或是时间允许就出去买给他。实在买不了的话，慢慢地给他解释，语言要简短。家长不能嫌麻烦，要多花些精力、多费些时间照顾孩子，等待他慢慢成长。您应该这样想：最需要忍耐的不是孩子，而是我。最初，效果可能基本显现不出来，但是孩子的哭闹时间绝对会缩短。您气定神闲地陪孩子，孩子的情绪也会慢慢稳定下来。

妈妈们的问题 02

女儿一旦感情爆发，能连续哭上一个小时

2岁零10个月的女儿动不动就爱哭，与其说是哭，不如说是喊叫、干号。不一定什么事就能使她哭起来，比如她想关电视，结果却被老大抢先关掉，这样就哭开了。

她经常说“妈妈弄！”，问她想让妈妈弄什么，她也不说，就是一个劲地哭喊着“妈妈弄！”，她哭起来后经常说“眼眼！”（意思是擦眼睛），我就用纱布给她擦眼睛，结果她还说“再擦！”“再擦！”，擦了几十回还没个够。我就说不能再擦了，这回她又说“用纸巾擦！”……成天都是这样，反反复复地。一旦扯开嗓子哭起来，无论我说什么、做什么都没用。闹得厉害的时候，又哭又叫，能持续号上一个半小时！有时候每天闹四五回，一天算下来能哭四个小时。

我担心她是不是患上了ADHD之类的发育障碍。

2岁女儿的妈妈

佐佐木正美解答

这个孩子想和妈妈一起做很多事情，但是她不知道具体应该做什么，所以才哭着磨人

重要的是，家长务必要满足孩子

我觉得这孩子肯定不是想让妈妈给擦眼睛，她也不是仅仅因为别人关了电视才生气，她一定是想让妈妈为她做什么，但是因为年龄太小，不清楚自己想要的是什么，所以她才会一门心思地纠结在“擦眼睛”这件事上。

就我看来，这孩子想和妈妈一起做有趣的事情，比如看看书啦，摆摆积木啦，在浴缸里玩水啦……她想做这些事情却又浑然不知，她不会说。**她想和妈妈撒娇却又做不好，就是如此。**

您带孩子玩玩这些她想和您一起玩的游戏吧！请注意，不是妈妈想玩的游戏，而是孩子想玩的。下次她就不会再说“妈妈擦眼睛”了，她可能会说“妈妈读故事！”等等的其他事情，这时您要开开心心去做。

您好像怀疑孩子得了ADHD等发育障碍，从她并没有多动和缺乏注意的情况来看，应该不是。我觉得这孩子就是想让妈妈陪，仅此而已！

提醒您注意的是，一定不能嫌麻烦，务必要答应孩子。嘴里说着“你自己不会吗？”，然后心不甘情不愿地去做，这样没有用。孩子让您擦眼睛，您马上就给她擦，一定要令她满意。如此反复下去，孩子就能安心，就能心满意足，情绪就会稳定下来。您陪孩子的时候要想：“孩子的快乐就是我的快乐！”这样她的问题就会逐渐消失，必定如此。

再强调一遍，一定要心甘情愿地去做！不能想着“赶快干完这事，我还有其他事得做呢！”另外，“能给这孩子带来快乐的人只有我”，您要引以自豪。**孩子哭的时候，妈妈要温柔地抱紧她，对她说：“妈妈最喜欢你了！”**

您说孩子哭叫起来能持续一个多小时，这种情况下，我建议您把她抱起来。抱起来的话，她也许会更生气、更别扭，但是毕竟还是妈妈力气大，您可以抱紧她，让她不能又打又踢。

然后跟她说：“妈妈最喜欢你了！”“妈妈的小宝贝！”

只说这些，不能再多说别的啦！“别闹啦！”“乖乖的。”这些话都不能说。**不能提大人的要求，您只需一味地跟她说“妈妈最喜欢你了”，并且抱紧她，紧到让她不能胡乱挣扎。**您需要马上采取行动，趁现在还为时不晚！

另外，您平时带孩子的时候要多想一想：“这孩子希望我是一个什么样的妈妈呢？”妈妈都希望自己的孩子“不爱哭鼻子，听话懂事”，但我们要把这种想法埋藏在心底。妈妈们要把自己对孩子的期望切换到孩子对妈妈的期望上面，然后努力满足孩子。

您的孩子一点也不任性，她还未满3岁。如果连幼小的孩童的愿望都不能加以满足，任性的恐怕就是我们家长了吧。多多带给孩子欢乐，看到孩子开心时自己也跟着开心，这样您的孩子必定成材。

第8章
孩子“脾气差”怎么办

对孩子，
家长一定要极力避免使用否定性词汇，
改用肯定性语言。

妈妈们的问题 03

对妈妈予取予求、怒气冲冲的三儿子

我4岁的三儿子什么事都喊妈妈，太磨人了。比如说放录像，明明他自己会，却偏让我给他弄。大多数时候我都答应他，但有时脱不开身，我就让丈夫或大儿子帮他放，结果就捅了马蜂窝。他扯开嗓子号，没玩没了地哭上一两个小时。

我就纳闷了，这么点小事值得哭吗？即使我重新给他放录像，他也不依不饶的，非要自己先关了，哭着要赖，“就要妈妈给我放！”真拿他没办法，家里人都觉得头疼。总是这样，他喊我，我必须马上到，不然就要脾气。我随叫随到还不够，一旦哪块儿做得不如他意了，立刻爆发。一天闹上好几回，我真的扛不住了。

年幼男孩、小学一年级和小学五年级孩子的妈妈

佐佐木正美解答

不好带、折腾人的孩子就像兰花或菊花，只要精心培育，终会开出大朵绚烂的花朵

只希望妈妈帮自己，其他人都得靠边站

这位妈妈在来信里写道，每当孩子提出要求的时候，您都尽可能满足孩子。不过对于您孩子来说，这些恐怕还远远不够。

这个孩子并不是因为嫌开录像机麻烦才喊妈妈，他其实是希望看到妈妈为他忙来忙去，他内心渴望妈妈能“心甘情愿地”围着自己转。所以，他生气是因为妈妈不管自己，把自己甩手交给爸爸和哥哥。

大人也许觉得“不就是个开关吗？”，但是对于这孩子来说，其伤害程度可以让他持续哭上一两个小时，所以即使妈妈再次帮他打开录像机，他也无法接受。“原样照赔可不够，还得再加点儿利息！”（笑）我觉得孩子就是这么想的。

估计您的大儿子没有提出过这样的要求吧，别人家的孩子恐怕也不这样。尽管您搞不清楚这孩子为什么这么棘手，但请您最大限度地满足孩子，也许您觉得自己已经勉为其难、尽力而为了，但对这孩子来说还是不够。

家长照顾得越多，孩子自立得越早

有的孩子要求多，有的孩子要求少。有让人操心的孩子，也有让人省心的孩子。**看准孩子属于哪种类型，采取适合孩子的方式，才是良好的育儿**。如果您的孩子事儿多，带起来费劲，您就要做好思想准备，“我的工作就是竭尽全力充分照看孩子”。我们不必担心孩子会因为自己的照顾而变得越来越任性，孩子得到满足后就不会再胡搅蛮缠了。

不仅如此，那些小时候折腾父母，但对父母的爱感到心满意足的孩子，长大后很快就能自立，而且速度快得惊人。相反，父母认为孩子不能惯，严厉管教之下的孩子却怎么也自立不起来。

花也是如此啊！有些花不用怎么伺弄就能开得像模像样，可是也有一些花不照顾就开不了花，但是这种花多照顾几分，开出的花儿就更美丽几分，兰花和大菊花就是如此。您应该这样想：“我培育的是需要人工照顾的名贵花种，将来值得期待。”

不管孩子的愿望是什么，家长都要乐呵呵地加以满足

不管孩子的要求是什么，家长都可以满足他。他让开电视，那就笑呵呵地给他开，“小事一桩而已”，几秒钟就搞定了。如果用教训似的口吻说“就这一回”，或者刚开始的时候笑脸相迎，最后却忍不住发火：“你给我老实点儿！”这样做了也白做。不论同一件事重复过多少次，家长都要心甘情愿地满足孩子，这点非常重要。

如果孩子感受到妈妈真的疼爱自己，他就不会再让妈妈开电视了，因为自己开得更快，而且他也会想着听妈妈的话。

再者，能跟父母撒娇耍赖的孩子其实都是“让人放心的孩子”，因为他们可以在父母面前放松身心、除掉戒备、全心依赖父母。让人担心的反而是那些在父母面前乖巧，却在幼儿园、保育园或学校里对老师和同学们任性耍脾气的孩子，这样的孩子长大后容易做出反社会的行为。

您要这样想，“这孩子只有对我才会这么耍脾气”。请您加倍地疼爱和保护这孩子吧！这孩子的未来值得期待，总有一天他会绽放出绚烂夺目的花朵。

妈妈们的问题 04

儿子本来是个好孩子，可脾气一上来就动手

我儿子生性怯弱、心地善良，但是他不擅表达，说不过人家的时候就爱动手。因此，周围人都觉得他“粗暴”。可能因为是独生子的原因，家里人对他骄纵了一些，但是每次做错事的时候，我们都批评教育了。他自己也说：“明明知道打人不对，可就是忍不住。”

现在孩子小，没有隔夜仇，被打的小朋友第二天还会和他玩，可是以后呢？儿子会不会渐渐被小朋友们疏远，会不会形单影只？我应该怎么办呢？

5岁男孩的妈妈

佐佐木正美解答

内心得不到满足的孩子具有攻击性。与其告诉他不要动粗，不如多娇惯他更重要

“不能干坏事！”说多了对孩子也有害

说出来您也许会生气，不过请允许我直言不讳。我觉得这孩子不是“生性怯弱、心地善良”，而是胆小怕事。**他没有自信，因为生活中没有满足感，所以才诉诸暴力。**

每个人都具有攻击性，欲求不满越强，攻击性就越大。就孩子来说，欲求不满一般表现在故意捣蛋、不讲道理、爱发脾气、时常哭闹，或是过于黏着妈妈，等等。

孩子心里有事想跟妈妈说，希望妈妈理解自己，但是因为胆小而说不出口，所以他才会脾气暴躁。但是，每次发脾气都会被妈妈批评，欲求不满就更加强烈，然后又动粗……孩子可能已经陷入了恶性循环的境地。

告诉孩子不能干坏事固然很重要，但是不宜过多，适量即可。这位母亲说“每次做错事的时候，我们都批评教育了”，这就显得过多了。**过于强调正确做法的话，孩子会失去自信，战战兢兢，愈发欲求不满。**

越是做错事的孩子
越需要温暖的怀抱，

您来信中说道：“可能因为是独生子的原因，家里人对他娇惯了一些。”非也，非也！我觉得对于这孩子来说，他看重的是真正意义上的宠爱。

“宠爱”是指最大限度地满足孩子的愿望。宠爱并不意味着给他买东西，让他看电视看个够，玩游戏玩个够。**“宠爱”是指妈妈把自己的精力和时间，按照孩子所愿，恰如其分地放在他身上。**

您儿子想要什么呢？是和妈妈玩个够，还是让妈妈陪睡觉，抑或是坐在妈妈腿上撒娇？您也许觉得不可置信，“孩子都这么大了，怎么还想要这些？”这说明这孩子在婴儿时期没有得到妈妈充分的疼爱。不管孩子几岁了，补偿都不晚。我们不应该要求孩子听话，而应该满足孩子的需求。

在我定期举办学习会的一所幼儿园里，有一个极富攻击性的孩子。批评教育都不管用，最后老师们决定换个方向，就是通过安抚这个孩子的悲伤入手。

在这所幼儿园里，小朋友打架的时候，带班老师负责抱那个打人的孩子，而被打的孩子则由其他老师或小朋友们来安抚。实际上，这种做法很见成效。带班老师对打人的孩子什么也不用说，只要抱着就行了。我们绝对不要把打架的两个孩子硬拽到一起，让他们和好。把两个人同时抱起来也是没有效果的，因为那样动手打人的孩子的心灵无法得到抚慰。

被打的孩子，伤心只是一时的，稍微哄一哄马上就好了。但是，动手的孩子、把小朋友弄哭的孩子，他心里其实更伤心，说不定他出生之后一直就处于悲伤之中。如果不能安慰他的心灵，那他的暴力倾向就永远没有停止的一天。

向对方道歉是家长的职责，请把这当成是对爱的试炼

如果自家孩子打了别人，我们千万不要逼孩子道歉！通过道歉得到满足的只有家长而已。我认为，向被打的孩子道歉，那是为人父母的责任，父母可以诚心诚意地道歉无数次，这样孩子就能领会到，“我惹的事情原来应该这么道歉”。家长的道歉行为足以向孩子传递这种讯息。

有些家长总想把孩子的过错归咎到孩子的性格上，或者是推卸到其他人身上，“这孩子天生性格暴躁”“幼儿园教得不好”。这样想既不能改变孩子原本的性情，也不能改变幼儿园什么，得不到任何保证，父母能做的只有改变亲子关系。

更何况，改变亲子关系才是孩子最迫切需要的。

✉ 妈妈们的问题 05

打人、动不动就大发脾气，让朋友害怕的儿子

我4岁的儿子从小就有极强的自我主张，因为话说得晚，爱动手打人。上幼儿园以后不怎么打人了，却改成大吼大叫了，周围小朋友都怕他。其他小朋友渐渐地不和他在幼儿园玩了，有的小朋友家也不让去了。我想可能是父母给他的爱还不够多，就可劲儿地陪他玩。“妈妈真好！”这样的话倒是越来越多，但是他和小朋友们的关系并没有得到改善。孩子惹事的时候我也训他，可他根本听不进去，最后我也发火了。

因为我发火，所以儿子才脾气急的吧！如果不出去玩，孩子就不会和别人起冲突，我也不会生气。也许我们最好不要出门？我感觉事情总是事与愿违。

4岁男孩的妈妈

佐佐木正美解答

这位母亲非常清楚，想让孩子不发脾气，自己必须得控制住脾气

这孩子不是自我主张强烈，而是缺乏对冲动的自我控制力

这位母亲的提问归根结底就是：“我怎样才能忍住不发脾气？”其实您本人非常清楚儿子的症结所在，因为信中写道：“因为我发火，所以儿子脾气才急的吧！”

正如您所说，首先必须从妈妈不发脾气做起。我感觉您儿子非常缺乏对冲动的自我控制力，您在信中说孩子“有极强的自我主张”，但我不这么认为，他对冲动的自我控制能力很弱。

当人突然涌起“想做某事”的冲动时，同时也会萌生出“也许还是不做的好”的相反想法。比如，想发火的时候，情绪会向反方向涌动，“最好别发火”。难以引发这种“相反作用”的状态，称之为“缺乏对冲动的控制力”，就如同运动灵活不灵活一样，对感情的控制也有灵活与不灵活之分。

无法有效控制冲动的孩子，他们在集体生活中过得很辛苦，时常遭到批评、被人嫌弃，时间长了，很多孩子失去自信，无法肯定自己。

这样的孩子，跟他发火、批评他、让他反省，都是适得其反。自信一旦失去，对冲动的控制能力会每况愈下。

水到渠成
才是正确的育儿之道

首要的是，您这个当妈妈的不能发脾气。当然，孩子与人起口角，您告诫他很重要，但是我们不能期待孩子马上变乖巧。也许有时候他根本就是油盐不进，那您也不能生气。稳扎稳打，不管几天、几个星期、几个月，掰开了揉碎了地和他讲。**无论持续多久，无论是什么时候，家长都要心平气和。**然后有一天，您就会注意到，“哎，对了，我现在对儿子不烦躁啦！也不发火啦！心情也平静啦！”那个时候，您会后知后觉，儿子也不再大喊大叫了。水到渠成，这才是正确的解决之道。

孩子的转变也许会比妈妈晚几周、几个月，但是育儿本就如此。三言两语的教育之后孩子就能立即改变言行，那是痴人说梦。另外，不论我们教育孩子时怎样平心静气，最后关头如果发起火来，那么一切努力都白费了。

我们不能对孩子说：“不许你这样！”而应该简明扼要地说出具体怎么做

这位母亲很苦恼，觉得“事情总是事与愿违”。孩子因人而异，有的孩子对父母的说教无动于衷，比如具有ADHD等特性的孩子就是如此，这类孩子对冲动的控制非常不擅长。单从来信无法判断您儿子的情况，如果您觉得有这个可能，最好还是听一听专业医生的建议。儿童精神科或精神科的医生都可以，咨询当地的儿童发育行为中心也行。

不管孩子是否存在发育障碍的可能，面对控制冲动能力薄弱的孩子，应对方法都是一样的。想要具体了解，最好还是有专家的帮助。总而言之，最为重要的就是家长绝不能生气，而且要不厌其烦地解释给孩子听。请注意！我们不能对孩子说：“不许你这样！”而应该说：“这样比较好。”**对孩子，家长一定要极力避免使用否定性词汇，改用肯定性的语言。**另外，没完没了地絮叨也不好，我们要用简洁的语句具体说出对孩子的要求。用“这不行”直接否定轻而易举，但是举出具体事例说明怎么做却并非易事。家长们努力尝试吧！如果您实在是忍不住想发火，那就赶快从儿子面前逃开，比如去卫生间躲一躲，来个深呼吸平静一下。

信中说到您陪儿子一起玩的时间增多了，这非常好！今后要继续保持，带孩子玩，一起泡澡，给他做好吃的，多和他聊天，多满足他的要求。这样坚持下去，孩子肯定会听您的话，他真的会成为一个好孩子。这位母亲请放手去做吧！

第9章
家校问题怎么办

家庭充满温馨，

孩子在外面就待得住。

妈妈们的问题 06

去保育园接孩子，结果孩子玩一个多小时也不愿意回家

我把女儿送保育园了，每次去接她，她都要在那里玩上一两个小时，不愿意回家。只是放学的时候如此，早上我丈夫送她去的时候倒很痛快。孩子虽然很喜欢保育园，但是我不上班的时候，她有时也不愿意去。

读了佐佐木老师的大作《关注孩子的目光》，我也觉得应该多多满足孩子的要求。但是，我女儿患有哮喘，放学后需要去医院，不能总是让她玩上一个多小时。每当看到这孩子赖着不走，我也时常忍不住发火。

2岁女孩的妈妈

佐佐木正美解答

到最后的最后也不要批评孩子，不管您等了多久，以发火告终只会前功尽弃

和妈妈没玩够的孩子，不愿意从保育园回家

这孩子是那种非常喜欢和妈妈一起玩、对妈妈撒娇耍赖多的孩子吧？

妈妈陪着玩的时间少、哄睡觉次数不够多的孩子，通常离不开妈妈。您也许会觉得，要真是那样，孩子就应该趁早回家和妈妈待在一起。**实际上，越是恋着妈妈的孩子，越不愿意回家**。这是我几十年来接触孩子的切身体会。

上班的妈妈确实分身乏术，但是您可以在家务活上偷偷懒，把干家务的时间缩减一下，带孩子玩个够！如果在家里或家附近母女俩能够玩个痛快，那么孩子就不会长时间赖在保育园不走了。

虽然明白道理，却不知道应该怎么陪孩子的妈妈，出乎意料的多。意气风发地买来一些游戏书，狠命研究一番，准备在孩子面前大展身手，结果孩子根本不感兴趣，这种情况也有。不过说实话，孩子若是真的渴望和妈妈在一起，玩什么游戏都无所谓。

舒舒服服地泡个澡，浴缸是亲子接触的重要场所

我认为带孩子在浴缸里玩很不错，浴缸可是个好地方，狭小、温暖、被妈妈包围，孩子能够感觉到安全、快乐。稍微准备几个洗澡的玩具，带孩子在里面玩个够。如果您能善于利用这个时间，孩子的情绪就会往非常好的方向发展。另外，浴缸不是“洗浴场所”，而是“亲子空间”，您不用在意两人是否洗得干净、彻底。

此外，把孩子抱在腿上给她读图画书，或者和她一起摆积木，摆了再推、推了再摆，怎么玩都行，重要的是妈妈和孩子之间能玩得融洽、亲密。

还有，最重要的就是别发火。不论您满足了孩子多少要求，不论你们玩得多开心，如果以发火告终，那么所有的努力都将泡汤了。

要是您忍不住想发火了，那就拿您丈夫当出气筒吧！告诉他您有些心烦了。但这样的话可千万不能让孩子听见，切记切记！

妈妈们的问题 07

女儿害怕幼儿园，不敢去

今年4月，4岁的女儿上了盼望已久的幼儿园，以前她天天羡慕姐姐去幼儿园，现在终于轮到自己了。然而入园后的第二天，这孩子突然哭了起来，我去接她，带班老师说她便当没吃完，点心也都吐了。从那天起，女儿就有些不对劲了。她告诉我，吐了老师批评，哭了老师也批评，老师总发火，幼儿园一点也不快乐。

数日后的郊游，老师通知我孩子又哭着吐了，而且吐在了带班老师的裤子上。带班老师当着我的面，让女儿再次向她道歉。我已经道过歉了，为什么还让女儿再道一次？回家后女儿告诉我，老师打她后背，说是让她长记性，改改爱哭的毛病。女儿害怕老师打她。第二天，我把这事和园长说了，园长连连致歉，带班老师第二天就开始停职，最后终于在月末离职了。

可是我女儿的状态却每况愈下。每天早上我准备便当的时候，她都恶心、想吐，难受得直哭。我从早到晚陪在她身边，她才勉强露出笑容：“妈妈陪我，我就能吃便当。”可我哪怕稍稍离开她视线一下，她就眼泪汪汪的，又要脾气又磨人。这孩子是不是得了创伤后应激障碍（PTSD）？是不是该去医院看看？

4岁女孩和小学生的妈妈

佐佐木正美解答

孩子心灵留下了创伤，得了轻度PTSD。想要忘却痛苦记忆，最好的办法就是和朋友玩个痛快

“遗忘”是老天赋予人类的最大恩惠

每个人心中都有无数的小创伤，但是绝大多数人都能够忘记这些数不胜数的痛苦记忆，“遗忘”可以说是老天赋予人类的绝妙馈赠。

只不过，“遗忘”并不等于“记忆消失”。遗忘和从未经历过的意义截然不同。因《毛毛》一书而闻名世界的德国作家米切尔·恩德曾说过：“人即使拼命学习，很多知识也会忘记。但是，不学习和忘记，两者有着天壤之别。”这句话，大家很容易理解吧？

同样，“没经历过”痛苦和“忘记”痛苦，两者似是而非。人们为了健康、愉快地生活下去，会把痛苦的记忆放到“无意识”的深处，但这并不意味着记忆已经消失。因此，当某种经历过于艰辛、痛苦的时候，我们很难将它忘得一干二净，偶尔还会触景生情，还会感觉到痛苦。这种情况就叫作创伤后应激障碍（PTSD），您女儿的状态可以说是轻度的PTSD。

痛苦无法独自跨越，
朋友可以帮助化解

来信中问道：“是不是应该去医院看看？”如果您不放心的话，可以带孩子去儿童精神科就诊，不过我觉得您孩子可能没那个必要。

让孩子忘记“心灵创伤”，最好的办法就是让她和小朋友们玩得不亦乐乎。如果您女儿在幼儿园有玩得开心的朋友，不愉快的回忆就会渐渐淡忘。比如她和朋友一起在沙堆里堆小山丘，相对着挖“隧道”；或者两人手拉手爬山，在一起嬉笑打闹……这种“与朋友分享快乐”的体验是诊治PTSD的最佳疗法。

不仅仅是幼儿园里，您还可以把孩子的好朋友邀请到家里来，当然父母也可以陪着她们一起玩。不过关键在于，家长必须发自内心地与孩子同乐，不能是单纯地为了陪而陪。打扑克、逛公园，什么都行，只要父母能满心欢喜地带孩子玩。

在这件事情中，带班老师离职了。如果她继续留任的话，您就得考虑给孩子换个幼儿园了。孩子和那个老师待在一起，PTSD就不会消失。另外，那个老师的所作所为确实有违教育者的道德，您说园长连连道歉，如果他只是装模作样地敷衍了事，那这所幼儿园可就缺乏教育机构应有的水准。

我们要成为
能够接收孩子SOS信号的父母

如果各位读者的孩子，像上面讲到的那个孩子一样说他讨厌幼儿园，大家怎么办？这位母亲倾听了孩子的心声，并采取了相应的措施。我估计有很多家长恐怕做不到吧？您可能会对孩子说：“老师不可能干那种事。”“老师批评你，那是因为你做错了。”

确实有这种情况，孩子说自己被老师打了，害怕老师，而事实上带班老师只是轻轻碰了碰她后背。对于同一件事情，见解因人而异，感受也各自不同。然而，家长应该重视并认可孩子的感受——她“害怕”。这时，我们家长应该关心孩子：“是吗？有点害怕呀！那妈妈跟老师说说，让他以后不打了，好不好？”

即便是孩子弄错了状况，家长也不要劈头盖脸地批评孩子，我们要先问问她：“你为什么这么想呢？”然后再耐心解释，让她明白“事实并非她想象的那样”。

父母的责任是理解、支持孩子，我们用不着做彻底查明事实真相的检察官。

妈妈们的问题 08

女儿在幼儿园不说话

上幼儿园的6岁女儿从小就腼腆、害羞，连给人问好都不好意思，特别是在幼儿园里，基本不敢跟老师和小朋友们说话。

不过，她做游戏或者唱歌没问题。带朋友回家或者去朋友家的时候，她也能大喊大叫，玩得起劲儿。小朋友们都觉得奇怪，“为什么在幼儿园里就不敢说话呢？”

此外，还有一点我比较担心，这孩子依赖性太强了。喜欢黏着我不说，她在幼儿园里还爱黏着小朋友，总是围着那个朋友转，看着真让人着急。我们自认为没有溺爱孩子，就这么走一步看一步吗？真愁人！

3岁和6岁女孩的妈妈

佐佐木正美解答

**保持缄默的孩子多是感情细腻、敏锐的孩子，
所以他们能感知父母的期待。
最重要的就是充分疼爱他们**

可以断定
这是选择性缄默的症状

这种症状叫作“选择性缄默”。

缄默症的具体表现是，言语器官和智力发育并无障碍，却沉默不语的症状。选择性缄默指的是，在某种场合下能开口讲话，而其他场合说不出话的状态。就您的来信看，您女儿属于选择性缄默中非常轻的状态。

那么，怎样才能从这种症状中解脱出来呢？对于孩子妈妈来说，下面我要说的话可能不太容易接受，但请您务必听下去！

迄今为止，我已经诊治过数千例选择性缄默症的孩子，这类孩子都是在外面嘴巴闭得紧紧的，在家里却能说几句话。您是不是觉得“家里没有什么顾忌，所以孩子敢说话”？**事实并非如此，越是在家里没有安全感的孩子，在外面越是张不开口。**您也许觉得匪夷所思，然而事实就是如此，我看过的患儿几乎都是这种情况。

越是缺乏宠爱的孩子，越容易成为依赖型的孩子

来信中写道：“孩子对妈妈的依赖性很强。”人们通常以为造成这种状况是因为“太惯孩子”“保护过度”，然而实际上，依赖性强的问题多发生在那些缺乏父母保护的孩子身上。

人是在依赖和反抗的不断反复中学会自立的，所以越是足够依赖妈妈、足够反抗妈妈的孩子，自立得越早。而没有得到充分宠爱的孩子，往往停留在依赖阶段。

在幼儿园里，事事跟在小朋友后面，这也是此类孩子的常见现象，因为他们不能自主作出判断，所以才会事事跟着别人。“唱歌或者做游戏没问题”，这是因为唱歌和游戏有固定模式，孩子可以放心大胆去做。但是，“会话”没有什么固定模式，想说什么就说什么，因此孩子心里紧张，说不出话来。

您孩子就属于上面这种情况。能力强、感受力敏锐的孩子多出现缄默状况，很多缄默症儿童学习很棒。正因为聪明，所以他们知道父母对自己的期望，也恰恰因此，他们不敢跟父母撒娇、耍赖，从而把自己逼到惶恐不安的境地。

这位母亲一定是在育儿上花了很多功夫——由于孩子不说话，来我医院就诊的家长大多是这样。

也正因为如此，我更要直言不讳。我感觉，越是追求“精英教育”的妈妈，越容易认为“响鼓还得重锤敲”“孩子不能惯”，从而对孩子高标准、严要求。

斗胆实言相告，只有父母改变，孩子的缄默症才能治好

很多人说养孩子太难了，其实不然，只要降低对孩子的期望值就行了。**生儿育女没什么难的，只不过是做孩子的后盾，满足他的要求而已。**

“我家孩子想要什么样的父母？”对这个问题颇有心得并为此而努力的家长，他们能够轻松地抚养孩子，孩子也比较逍遥自在。父母是保护者，不是教育者。

这位孩子妈妈，您最好能抽出时间放松一下身心，和知心朋友聊一聊。

比如，孩子暂时交给别人带，夫妻两人一起出去听听音乐会、享受享受美食、聊聊孩子好玩的地方、说说愉快的话题……当然，话题不必局限于孩子，只要你们夫妻二人都感兴趣就好。

孩子妈妈与丈夫分享“喜悦”的时间越长，越能轻松自如地投入到育儿中去，也越能包容孩子的撒娇行为。您一定要试试看！

父母不改变自己，孩子的缄默症就不会好转。换言之，父母改好了，孩子也就好了。一般来说，孩子半年后就能开口。您多宠宠孩子吧！让她在您面前能够放松自如。

妈妈们的问题 09

为什么孩子说不想去学童俱乐部

女儿今年4月上小学了，由于我和丈夫都有工作，所以放学后孩子就送到学童俱乐部[①]。可是，5月以后，她开始大哭大闹，吵着：“我要放学直接回家！”“我不去学童俱乐部！”“妈妈别上班了！”有时候早上想起放学后的事她就开哭。于是，或者是我提前下班，或者是奶奶过来接她。在家待两周之后，女儿说可以去学童俱乐部，我就让她去了。结果只顺利待了两天，第三天早晨她就哭着不想上学。据说那天放学之后去学童俱乐部，她是走一路哭一路。

在家里，她一个劲儿逼问我：“妈妈为什么上班？”“我为什么必须去学童俱乐部？”说心里话，这份工作我干了很久，不舍得辞掉。我这样是不是不配做母亲？

小学一年级女孩的妈妈

① 是日本厚生劳动省管辖下的一种学童保育设施，主要为双职工家庭的小学生提供放学后的玩耍和生活场所。

佐佐木正美解答

学童俱乐部不同于保育园。上了小学以后，家庭里的温馨气氛越发重要

上小学以后，很多孩子无法融入集体生活

去保育园高高兴兴的孩子，上一年级以后“讨厌学校”“讨厌学童俱乐部”的情况并不少见。在保育园的时候，他们能够乐呵呵地和家长告别，一上小学反而黏着父母不让走了。基本上情况都一样，本以为孩子在学校或儿童俱乐部受欺负了，结果调查下来发现根本什么事都没有。

原因就在于，学校（学童俱乐部）与保育园性质不同。

保育园具有“孩子家庭生活的替代空间”的一面，它不是“学习空间”，而是“生活空间”。

保育员们营造出了家庭式的温馨氛围，她们力图把每个孩子都一一照顾到。父母和孩子之间，不管兄弟姐妹几个，都是一对一的关系。同样，保育园里每个孩子都配有保育员，确保每个孩子与大人的相处时间。

学校就不同了，一名老师教导一个班群体，属于“一对多”的关系。学校是学习的场所，不是“家庭式的温馨空间”。

说到学童俱乐部，它也无法替代家庭。当然，有很多教职员工为此而努力着，但是毕竟孩子多、职员少，尽管大家都希望学童俱乐部能像保育园那样，但现实中很难做到。

母亲和孩子相处时间短没关系，保持吃饭、洗澡、就寝时充分接触

情况如此，我希望各位家长能够认识到，孩子入学后对“家庭温馨”的要求超出以往。这里的“家庭温馨”指的是一对一的母亲疼爱女儿的关系。

忙于工作的妈妈们经常说：“我让孩子受苦了，因为有工作，不能腾出充分的时间陪孩子。”但是这种说法是错误的，时间短没关系，只要能在短短的时间里和孩子心贴心，那就没有任何问题。

吃饭的时候、洗澡的时候，还有睡觉的时候，妈妈一定要加倍珍惜。能在这三个时间段里充分实现与孩子的沟通，孩子就能心满意足。

吃饭的时候，我们最好和孩子一起吃他喜欢的菜式，边吃边说：“真好吃呀！”给孩子做他喜欢的饭菜，这就足以让孩子感到高兴了。洗澡的时间干脆就定为亲子时间，家长和孩子多泡一会儿，玩玩水，在浴缸里做游戏，这个任务交给爸爸也行。至于澡洗得干净与否，差不多就行了，快乐第一位。

然后，睡觉的时候陪孩子一起入睡。小孩儿大多不愿意睡觉，反倒是大人比较喜欢（笑）。对于孩子来说，独自入眠是一件令人不安、害怕、寂寞、无聊的事情，有父母在身边，他们会感到无比

安心。父母要是实在忙得没时间陪孩子玩儿，最起码也要在孩子睡觉时守在他身边。仅仅如此，我们也能让孩子感觉到“家庭是温馨的港湾”。

至于其他的家务活方面，多少还是有些可以偷工减料的空间。**家庭充满温馨，孩子在外面就能待得住。**

不能对孩子说：“妈妈工作累了，不能陪你”

边工作边带孩子很不容易，职场妈妈有时候觉得，“除了工作还得做饭、烧水、洗衣服，这些就够让人筋疲力尽的了”。有时候也想对孩子说：“妈妈上班已经够累的了，别让妈妈再干这干那了，你自己弄吧！”可是，这些话不能对孩子说，不管是妈妈还是爸爸都不能说。

说句难听话，工作上累死累活是你们家长自己愿意的，孩子可不是奔着“忙于工作的父母”而投胎到你家的。

我们做父母的不应该为孩子看自己脸色行事而窃喜，而应该为自己能够满足孩子愿望而感到幸福，“即使时间短，我也能哄孩子高兴”。看着孩子甜美地进入梦乡，那张小脸一定能够抚慰您疲惫的身心，能够让您第二天充满干劲地投入到工作当中，不是吗？

妈妈们的问题 10

儿子没个老实时候，总爱忘东西……

我的长子念小学一年级，从入学到现在经常把东西落在学校。家里有我帮他想着倒没什么事，但是在学校，他经常忘交该交的东西，比如学校给食[①]。轮到他负责的那天，脱下来的脏围裙总忘了带回家洗……我想可能是因为他刚上学不太习惯，但是老师并不这么认为，老师在家长联络本上写道：“怎么能这样呢？其他孩子都能做到。”老师还打过电话：“忘带围裙属于家庭教养问题。你家孩子在学校也静不下来，希望家长能多督促一下！”

校园参观日那天，我看到儿子确实没有消停的时候，上课玩铅笔、橡皮（倒是没有站起来走动，没有影响其他孩子上课）。怎么办好呢？

1岁、3岁和小学一年级男孩的妈妈

① 日本的学校给食，从1889年开始至今已有120多年的历史。现在的日本学校给食制度不仅为学生提供了营养均衡的食品，更强调通过学生负责取餐、分餐等手段对学生进行教育，培养孩子的社会能力。

佐佐木正美解答

不能集中精力、好忘东西的孩子，
有热衷于、专注于“喜好”的能力。
家长要帮助孩子找到他擅长的事情，
并帮助他不断提升

静不下来、忘东西
与“家庭教养”没有任何关系

首先我想说的是，忘东西、静不下来和“家庭教养”没有任何关系。读了您的来信，我的感觉就是您儿子可能多少有些ADHD的倾向，但您也不必担忧，就算有也很轻微，它会随着年龄的增长慢慢减弱。

这种孩子很常见，像我小时候就有点儿ADHD的倾向，街头广告表演队或卖金鱼的来了，我经常跟在他们后面，走着走着就迷路了。我母亲说当年只要街头响起广告表演队的音乐声，她肯定要紧紧拽住我的手。

您不要纠结于孩子是否得了ADHD，重要的是了解孩子有这种情况。众所周知，此类孩子“注意力分散”“精力不集中”，但其实孩子仅仅是“无法专注于大人希望他专注的地方”而已。孩子一旦找到兴趣所在，您就能见识到他不容小觑的集中力。我就是这样，心思全放在街头广告表演队上，周围的一切都消失了，以至于最后迷路。这种“心无旁骛、忘我投入”的能力是一种非凡的才能，不是后天可以学到的。

重点是帮孩子发挥长处，而不是弥补不足

我小时候就不能把精力放在大人期待的事情上。我喜欢动物，喜欢生命，甚至到了废寝忘食的程度。我觉得自己能从事现在这份工作，这也是原因之一。对于生命，我感觉自己比别人更热爱一些。

这种类型的孩子肯定有过人之处，如果能不断加以挖掘和发挥，他们的水平会显著超出常人。**他们的能力或许会显得不均衡，但是只要能把长处发挥出来，就足以抵消他们的不足。**另一方面，家长希望“别人家孩子会的，咱家孩子也得会”的想法绝不可取。“棍棒底下出孝子”这种祖祖辈辈传下来的教育方式，是把孩子往“千人一面”上培养，破坏了孩子的人格。

您在家里切勿过度批评、指责孩子的不足。教孩子时要长话短说、简明扼要、柔声细语。不能直接否定，要一步步地手把手教，直到帮他学会为止。教完了却不见效果的时候，如果您大发脾气，这孩子就会止步不前。这时您要耐心细致地反复教他，心急吃不了热豆腐，这孩子需要时间。

家长也要与老师沟通一下

其实，我三个儿子当中有一个就属于这种类型。我和他小学老师联系过，“这孩子如果妨碍到班级集体活动，您一定告诉我！要是影响不到他人，他落后就落后吧！您不用特殊管他，孩子学不好，我们不怨学校和老师。”于是，老师很理解我们，也积极地给予配合。

教育这类孩子有几个窍门。首先，老师向全班同学讲话的时候，他必定跑神儿，但是老师指名道姓跟他说的时候，他能听进去。另外，事先和老师商量一下，最好让孩子坐在老师的斜前方，而不是教室后面，让他处在老师的视线范围内，老师随时能照看得到。

为了慎重起见，我再补充一下，ADHD等发育障碍并不是指“发育迟缓”“心理疾病”，它反映的是儿童发育情况的差异。在林林总总的发育领域中，存在着很多不同之处，有人发育晚，有人发育早，还有发育快得惊人的。我妻子经常和我聊：“人哪，只要有个闪光点，生活就有了奔头。”确实如此。您儿子喜欢什么呢？快点帮他找到兴趣所在，发掘他的闪光点吧！孩子做不到的，咱们大人帮他做，千万不能伤害他，这孩子将来肯定有出息。

第10章 孩子交朋友的问题怎么办

想让孩子知道“大家一起玩更快乐”，
就必须给他提供与小朋友一起玩的机会。
朋友迟早会有的，
但您要做好耐心等待的准备。

妈妈们的问题11

孩子不和小朋友一起玩儿，是家长的教育方式出问题了吗

我儿子2岁零9个月，现在每周有三天上午，我带他去幼儿园的预科班，已经去一个月了。其他孩子在自由时间里玩得热火朝天，只有我家孩子，也许因为紧张，多半时间是瞧别人玩，根本不积极主动地参与。在家的时候，他倒是挺活泼的，在老师指导的亲子课上，他也能放松地和我一起跳舞……儿子只有一个好朋友，是个小男孩，他很喜欢人家，还经常模仿他。

我小时候就很胆小，过了很久才融入到周围人当中去，我不想让孩子和我一样胆小怕事。为了让儿子明白周围人并不可怕，我经常主动和其他家长轻松地聊点什么。您的书我也读过好几本，我觉得自己对孩子已经做到了过度保护。可是，每次看到孩子缩手缩脚的，我禁不住担心自己的育儿方式是不是有不当之处。难道我自认为的过度保护，其实是过度干涉？

2岁男孩的妈妈

佐佐木正美解答

过度保护是指满足“孩子的愿望”，您儿子的愿望是和大家一起玩儿吗

孩子才2岁，和大家玩不到一起很正常

这孩子如今才2岁零9个月，不能融入集体也没什么可担心的。家长没有必要看别人家孩子“玩得很好”“交了很多朋友”之类，就跟着着急上火。幼儿园一般只收4岁以上的儿童，就是因为到了这个年龄段，孩子才能融入集体，更何况每个孩子还存在个体差异。您孩子完全正常，无需担心。要说不正常，有点儿让人担心的，倒是您这位杞人忧天的母亲。

我经常使用“过度保护”和“过度干涉”这两个词。孩子需要家长保护才能顺利成长，过度保护也没有什么不对。**简而言之，保护就是给孩子他想要的——他让你抱，你就抱；他让你陪，你就陪；他想跟你撒娇、耍赖，你就由着他……这才是过度保护。**过度保护不是指物质、金钱方面的满足（小孩子本来就对那些东西不感兴趣），而是父母尽最大可能地把自己的精力和时间放在孩子身上。

过度干涉则不同，它不是父母满足孩子要求，而是父母过分要求孩子按家长意愿行事。被逼的次数多了，孩子就很难有出息了。

父母都有望子成龙、望女成凤的心态，很难做到零干涉，但是我们要尽力避免强迫孩子，并且努力成为“孩子心目中的父母”，这点我一直反复强调。

融入集体早，
未必就是自立早

这位母亲在信中问道：“难道我自认为的过度保护，其实是过度干涉？”我看事实就是您想的那样。“我希望孩子能和小朋友们玩儿到一块儿去”“我不想让孩子和我一样胆小怕事”，这就是您的愿望。您的这些愿望是不是有些膨胀了？

我们要顺着孩子的心思：他想只和谁玩儿，那就让他只和谁玩儿；他想和妈妈在一起，妈妈就高高兴兴地陪他；他不想去幼儿园预科班，那就待在家里。相比而言，让孩子得偿所愿，反而更能帮助他早早自立。越是逼着他向其他孩子看齐，他越是玩儿不好、玩儿不下去。

“孩子早早融入到集体，自立程度就高”，这种说法是不成立的。最近，越来越多的家长希望孩子能够早点融入到集体生活。但是请不要忘了，对于这个年龄段的孩子来说，最重要的是保证与妈妈的共处时间。只有充分享受到了母爱，孩子才能不再黏着妈妈。父母要保持淡定，来日方长，耐心等待孩子离手的那一天才是正理，不能心急火燎、忧心忡忡。

我这个做父亲的就是过度保护孩子，不仅如此，我妻子和我父母都这样，所以我儿子上幼儿园的时候，什么也不会。儿子不会换

衣服，简直是全幼儿园都有名。不过这也没什么，真的无关紧要，只要他想学，自然就能学会。看到别的孩子都会换，他自然也想尝试，总有一天会学会，也许是上中班的时候，也有可能是上大班的时候，甚至是上小学的时候，他总会自己动手了。这事得由孩子自己决定，家长拭目以待就行。

怎么办好？
家长不能对着育儿书照本宣科，要问自家孩子

即使孩子在幼儿期不擅长集体生活，这也不意味着他到小学或中学仍然如此。幼儿期如果充分得到母爱，那么随着小学、初中的一步步升学，孩子会很顺利地融入到集体生活当中。大部分时候，孩子没什么可担心的，反而是胡思乱想的妈妈才令人担心。

您说读了我写的几本书，其实真没必要看那么多。我在这里这么说，可能有点不妥，不过我觉得，您要是有看书的时间，不如拿来陪陪孩子。**您最好仔细观察一下孩子，看看他希望妈妈为他做点什么，然后尽量满足他。**这点做到了之后，有空的时候再随便翻翻我的书。书中有您赞同的地方，那就稍作参考，看这么一点点就够了。

妈妈们的问题 12

孩子喜欢一个人玩，
是不是因为小时候没陪他一起玩

5岁的儿子喜欢一个人玩，幼儿园老师也说他要么就是自己玩，要么就是独自看书。想跟小朋友们玩的时候，他也能主动要求说："带我一个！"但大多数时候，他还是喜欢一个人玩。

在家里，他也就是看书、鼓捣车、玩玩具，根本不用我陪。

他喜欢独处，是不是因为小时候我没有好好陪他的原因？最近我总纠结这事儿。

5岁男孩的妈妈

佐佐木正美解答

越是不擅长陪孩子玩儿的妈妈，越要邀请别人到家里来。孩子天生就喜欢和别人玩儿

现代家庭的特征就是，过于具备孩子一个人玩的条件

可以说，现代家庭营造了孩子一个人玩儿的环境。过去那种兄弟姐妹众多，招呼各自的朋友来家里玩，大家欢笑打闹的日子一去不复返了。即使有兄弟姐妹，也就一两个，家庭内部的人际关系逐渐趋向模式化。

家家都不缺电视机、游戏机、录像机、玩具，让孩子一个人玩得尽兴绰绰有余。相反，户外却没有可以让孩子自由玩耍的场地，与小朋友相处的时间自然也十分有限。另外，有很多家长本身也不愿意让外人进家门，希望“自家人”一起度周末。

然而，儿时“与朋友玩疯”的体验，对孩子的健全成长起着至关重要的作用。之所以这么说，是因为“培养孩子”其实就是一种“让孩子拥有与其年龄相符的社会性”的行为。

那么，谁能培养孩子与其年龄相符的社会性呢？父母和幼儿园老师都能，但却比不上那些同龄的孩子。“朋友和自己意见不

同”“大家希望我扮演这个角色”，诸如此类察言观色的能力，孩子只能在和朋友的玩耍中才能学到。一边观察朋友的能力和性格，一边反思自己，孩子在这个过程中逐渐掌握社会性。

希望家长能够给孩子营造“独乐乐不如众乐乐”的氛围

这个孩子恐怕缺乏“与朋友玩疯”的体验。想让他知道“大家一起玩更快乐”，我们必须不断给他提供与小朋友快乐玩耍的机会。

如果孩子没经历过，父母就要给他提供充分的快乐玩耍的空间。也许有的家长觉得：“孩子不是在幼儿园有团体游戏嘛！”请注意，幼儿园并不是家庭的延长线，家里也需要“互相成长”的空间。

比如，邀请两三个家庭，大家结伴去动物园或游乐场。如果您觉得不太擅长与外人交往，邀请您自己的兄弟姐妹等亲戚也可以。

把自己家向小朋友们开放，这也是一个办法。我儿子小时候，他们的房间就向邻里的孩子们开放，出入自由。儿子房间里常年都有很多小朋友，形形色色的孩子都到我家玩儿。

这位母亲好像比较纠结于孩子小时候自己没陪他，恐怕您本身不太擅长带孩子玩儿吧？那样就更需要借他人之力了，比如邀请亲戚朋友来家里，或者大家一起去旅游什么的，我们可以在这些集体活动中培养孩子的社会性。

孩子都喜欢和朋友玩，即使是经常自己玩儿的孩子，他也不希望永远都是一个人孤零零地玩儿，因为人这种生物，天生就渴望与他人共处。

孩子不凑到父母跟前说“陪我玩”的时候，家长要留神了

最后，我想给大家提一提我比较担心的一种情况。

“亲子游戏”原本多是孩子主动提出来的：“妈妈，你看这个！”“爸爸，咱俩玩儿某某游戏吧！”接着父母被拽到孩子的游戏当中。但是，有自闭倾向的孩子不会提这种要求，特别是高功能自闭症（智力发育上并无延迟症状）的孩子，很难看到他们要求父母陪着玩儿的时候。以前我诊治的一个高功能自闭症儿童，他就从没要求过父母陪他玩儿，孩子家长说：“这孩子是我们的第一个孩子，所以一直以为小孩子都这样呢！”

如果您孩子的行为当中，有什么不对劲儿的情况，例如，无眼神对视、听不进别人说话等，最好还是去儿童咨询中心问一问。

妈妈们的问题 13

儿子没有朋友，完全不表达心里所想

我的长子上小学一年级，他是个不会吐露心声的孩子。在保育园的时候，老师就曾说过，“这孩子如果不过问的话，能一整天一句话也不说”“他总是竖起耳朵听老师们说话，观察老师们的脸色，有点儿老气横秋的”。确实如此，说得太对了。

不出所料，儿子上小学也没交上朋友。家长面谈的时候，班主任老师也说：“这孩子太老实了，从来不大声嬉闹，也没开怀大笑过。他也从不跟老师聊天，例如假期去哪儿玩啦，什么也不说。”学校里的事情，儿子几乎从来不提，我问他吧，他还嫌烦。也许他不想让我们担心，不愿意让我们发现他的缺点。

周围的孩子都很天真烂漫，哭哭笑笑、打打闹闹、蹦蹦跳跳的，可我家孩子心里想什么，嘴上不说，脸上不显，这样的人生怎么会圆满?

要是有什么一技之长，他也能有些自信，可是就目前的情况来看，好像没什么能拿得出手的东西。我应该接受儿子现在的这种状态，顺其自然吗?

小学一年级男孩的妈妈

佐佐木正美解答

不管多么担心，做父母的都不能失态，要耐心地说：“孩子，你这样挺好！”

朋友迟早会有的，但您要做好耐心等待的思想准备

从结论上讲，您要继续顺其自然，对孩子说：“儿子，你现在这样就挺好的！”**越是缺乏自信的孩子，父母对他的认可就越发重要。**

育儿的成就感需要等待，但是等待过程很难熬。“你得这样”“你得那样”，父母对孩子加以指点或横加干涉，日子反而显得过得快一些。但是，干涉得越多，孩子越畏首畏尾、缩手缩脚，没有自信。很多拒不上学的孩子就是在父母的过度干涉中长大的，这种案例相当多。

在交友一事上，家长不必焦急，这孩子好像还没有做好交朋友的准备。

一个人想要信赖别人，敞开心扉与人交流，首先必须过了“信赖妈妈，与妈妈心连心”这一关。等到能够母子心连心，孩子慢慢地就能和朋友倾心相交了。重要的是要“心连心”，敞开心扉的前提必须是信赖对方。

可能有很多孩子天真无邪，可以相信别人，但有的孩子不是这

样，他们很难放下对人的戒备心。对于这样的孩子，家长首先必须付出别人的成倍时间，用来培养孩子对父母的安心感和信赖感。这里有一个前提，那就是家长对孩子要一贯保持“你这样挺好”的肯定态度。

在家庭当中，
要尽最大可能满足孩子

这个孩子是那种把期望和要求埋在心里不说的类型，家长要从家里入手，尽最大可能满足他的愿望。

最简单易行的就是，让孩子提议晚饭的菜单。他想吃牛肉饼就做牛肉饼，想吃炸鸡块就做炸鸡块，要什么做什么，天天如此。孩子知道的菜式可能有限，母子俩可以一起看烹饪书，随孩子选。

对于不愿意提要求的孩子，问他想吃什么饭菜，这是一个绝好的办法。不但可以让孩子提出明确的要求，饭菜吃起来越发可口，而且每天至少可以满足孩子两次愿望。如果母子俩能够一起买东西，一起做饭，对话机会就更多。您不必担心营养失衡等问题，因为孩子的需求得到充分满足之后，他很快就会心满意足地吃妈妈制定的菜谱了。

如果您想让孩子与父母以外的人沟通，可以让他在关系比较亲密的亲戚家生活一段时间。

如果有摸得准脾气的叔伯、姑舅等，可以让他利用寒暑假等时间多住一阵子，如果有表兄弟，那就再好不过了。父母只是送孩子过去，不要陪他一起住在亲戚家，孩子最好待两周以上。

叔伯、姑舅不是父母，他们只会关怀备至，不会想着严加管教，更不会横加干涉，所以孩子可以在这种环境中锻炼与人的相处之道。

老师的意见可以听听就过，不用放在心上

这位母亲听了学校老师和保育园老师的话，好像过于紧张了，最了解自家孩子的莫过于父母，没必要对老师的话听风就是雨。家长面谈的时候，听完点点头，过后就把它丢一边去吧（笑）。

另外，您好像觉得“如果孩子有一技之长，就能找到自信，也能交到朋友”，您想错了，自信只有在被伙伴认可、被别人另眼相看的时候，才能找得到。孤零零一个人，不管掌握了什么出众的技艺，也无法带来自信。

首先，您要加强母子间的信赖关系，让孩子对您敞开心扉、无所不谈。然后，逐渐让他发展到与亲戚聊天，进而是和老师、朋友交流。至于自信的养成，那是之后的事情。对您儿子，您不能恨铁不成钢，他的长处要加倍夸奖，缺点尽量不提，剩下的就是耐心“守望”。

第11章
多子女关系怎么办

诸如“哥哥（姐姐）先来！”这样的话，要在幼子幼女出生那天就开始说，接下来老大就会越来越有哥哥（姐姐）样儿，妈妈也就越来越舒心。

妈妈们的问题 14

长女好忘东西，不会整理个人物品，我有时忍不住骂她一顿

我有三个女儿，目前最让我上火的就是上小学三年级的大女儿。她小时候就有些“特立独行”，现在也是经常不做作业、丢三落四。在学校也不会收拾东西，发的各种资料全都塞在书桌里不管。

与此相反，二女儿做事认真，干什么都让人省心，更衬得老大不成器，所以老大总挨我骂。我也知道不应该拿两个孩子作对比，可就是……

我丈夫让我每天给孩子检查一遍随身物品，以免她忘东西，但是我想是否有必要让孩子尝尝“忘东西的恶果”，让她知道“对自己的事情不上心，就会落东西，后果很严重”。

2岁女孩、小学一年级和小学三年级孩子的妈妈

佐佐木正美解答

让大人费心的孩子要多加照顾！在妈妈精心照顾下长大的孩子，能够信任他人、珍惜他人

孩子不会就帮她，她早晚能学会

丢三落四、不善整理、方方面面都比其他孩子晚……

这样的孩子有精心培养的价值和意义，父母应该带着隐隐的自豪感：“能把这孩子平安拉扯大的，舍我其谁？”

果能如此，这孩子长大成人后，一定会是个可以信赖他人、尊重他人、关爱他人的好姑娘。与那些动手能力强的孩子相比，这孩子带起来绝对不会轻松，但这也越能显示出您“教女有方”。

具体说来，应该怎么办呢？家长要在必要时刻帮助孩子，每天帮她确认有没有落东西、作业有哪些。孩子不会整理物品，您就陪她一起收拾。学校的书桌里塞满了各种资料，那就给孩子准备一个袋子，让她把资料全部带回家，然后母女俩一起整理、分类，看看什么资料重要、什么资料应该早拿出来。

孩子可以批评，但是批评的方式不能伤孩子自尊心，家长不能火冒三丈。我们要平心静气、耐着性子地教孩子，让她能主动想起

忘带的东西并以此为豪，这样她能感受到妈妈的良苦用心。请您像我介绍的那样引导、教育您的孩子吧！

虽然孩子是在父母的引领下长大，但这不意味着她永远都会依赖他人，总有一天她能自立起来。

孩子“能做的事情”不由年龄决定。在您大女儿身上多花心思吧！

这位孩子的妈妈还有更小的宝宝，肯定是忙得不可开交，所以更希望大女儿能够凡事自理，不让大人费心吧。

但是，在小学毕业之前，孩子的个体差异相当大。“都这么大了，这点小事应该自己能做了”这种说法讲不通。我有三个儿子，如果从一般经验来看，三个孩子应该受到同等照顾，其实不然，我妻子最费心的是我家老大。

对父母来说，照顾老大的时候是最没经验、最不得要领的。这位母亲照看您2岁女儿时已经是第三次当妈妈了，带那么大的孩子可谓得心应手，但是照顾小学三年级的孩子还是头一遭，母女俩都还不太习惯，自然应付起来会麻烦一些。

另外，孩子如果有“妈妈很疼我”的自信，她就会爱护底下的妹妹，处处让着妹妹。缺乏自信的人不可能对他人关怀备至。

过度期待令孩子缩手缩脚、失去自信

可是，如今日本的家庭教育，已逐渐无法培养孩子的自信，这一点很让人痛心。

究其原因，就在于家长对孩子期待值过高，很多家长误以为“恨铁不成钢”是父母对孩子的爱，“为了孩子好，我无论如何也得让他学会×××”。

然而，孩子却不会把父母的过度期望看成是他们对自己的爱。在孩子眼里，过度期待等同于“自我否定”，他们觉得如今的自己辜负了父母，不配得到父母的疼爱。

当自己的缺点被别人指责时，人就会越发畏首畏尾、缩手缩脚。**相反，“没事儿，有我呢！”当人得到安慰时，心里就会踏实，情绪也稳定，并且能够信任关心自己的人，这是妈妈对孩子的责任。**

对妈妈的信赖感，是一切生活的原点。自信和信人都起源于相信母亲，它是克服自身弱点和发掘自身潜能的原动力。**我认为，让孩子信任自己，这才是真正的“教子有方”。**

如果我有了孙子，我希望他是个闹人的孩子，我会对他说：“爷爷管你，爷爷陪你玩！”手把手一步一步地教他，我的人生一定过得很精彩。

妈妈们的问题 15

兄弟俩天天吵架，烦透了

上下相差两岁的儿子天天吵架，吵得我都懒得管了。

哥俩一起玩的时候，注定吵架。摆积木塌了吵，比赛陀螺输了吵，借玩具被拒绝吵……先哭的基本上都是弟弟，他遭到哥哥嘲笑后，更会闹起来没完，越发哭得昏天暗地。我也不能眼睁睁看着弟弟一直哭下去，所以经常吼他们："别吵了！"

另外，兄弟俩相互之间毫无谦让之心，我不得不介入，可又不知道他们应该谁让着谁。他俩倒是从来不下狠手，我是不是应该作壁上观，让他们自己解决？

4岁和6岁男孩的妈妈

佐佐木正美解答

兄弟吵架属于一种“体育活动”，没有好坏对错。家长妄加道德准绳，只能画蛇添足、弄巧成拙

父母的任务就是宣告比赛结束，无须介入或仲裁

如果兄弟姐妹不吵架，那才不正常呢。我的三个儿子经常吵架，看到他们天天吵，我妻子说：“他们那是在做体育活动呢！能吵的一方获胜，但是输的一方也不服，屡败屡战，愈挫愈勇！”她形容得还挺形象。吵架是孩子们的娱乐活动，对于吵输的一方，父母没有必要过度安慰。当然，吵赢的一方也不能予以表扬（笑）。

父母的任务就是当裁判，但这种裁判不评判孰优孰劣，而是监督比赛过程，宣布比赛结束。通常，某一方哭鼻子即可视为“战败”。一旦哭声响起，父母就要立即宣布：“好啦！到此为止吧！”不要对孩子发火，也不要对他们来一番说教。

接下来，父母要让孩子平静下来，换一下心情。橄榄球称比赛结束为“No side（没有敌我之分）”，兄弟吵架也应该适用这种精神，“赛事”一旦结束，两人依旧是好哥俩。妈妈只需招呼他们一起吃冰激凌什么的，其他的就不用管了。

兄弟俩谁都没错。
哥哥和弟弟吵架，那也是有分寸的

您懂了吗？不管出于什么原因的吵架，不管结果如何，哪个孩子都没错。您好像很担心，“弟弟吵架总是吵输，他会不会意志消沉下去？”其实不会的，如果弟弟真的讨厌吵架，他就不会总跟着哥哥玩了。

哥哥也是有分寸的，您不是说两人从不下狠手吗？由此可见，他清楚弟弟比自己小两岁，所以和弟弟吵架也是拿捏着分寸来的，真是个好孩子！

“对方已经哭了，还要笑话人家”，这属于游戏结束后的人身攻击，所以家长要提醒他们：“好啦！别没完没了啦！”**如果孩子仍然不听话，大人也不要批评，最好找个由头转移他们的注意力，让他们换个心情。**

大吵一架后转眼又破涕为笑，
这种体验意义重大

兄弟姐妹吵架的意义就在于，孩子们能够由此学会“顺其自然地和好如初”，这一点有举足轻重的价值。不必说抱歉，就能恢复人际关系，这多难得啊！只有一母同胞才能做得到。

通过不断经历吵架训练，孩子学会了在之后的人生中，如何与

朋友融洽相处。最近，越来越多的孩子和朋友不知道吵架后该怎样和好，因而在人际关系中踯躅不前。我们一天天活下去，如果能够轻松自然地与他人一笑泯恩仇，那该活得多潇洒啊！独生子女如果也能找到亲如手足的朋友，那就再好不过了。

兄弟姐妹吵架，如果过了很久心里还有疙瘩，恐怕要归咎于父母的无端介入。大家回想一下自己当初和兄弟姐妹吵架的情景，心里堵得慌的时候，是不是因为父母的介入？

父母跟着发火，非要分出孰对孰错，那样就会把具有体育性质的、单纯的兄弟姐妹吵架搅和得变了味儿。孩子都希望父母向着自己，所以很容易由爱生恨。

为了避免这种情况，家长首先要耐着性子，理智一些。充其量就是孩子吵个架，一个怨另一个，而对方不认，翻来覆去就是这些事，家长只要听着，“嗯！嗯！是嘛！”就行。如果一个孩子让另一个道歉，那么家长就要把事情揽过来：“妈妈替他道歉，你别生气啦！”

父母该做的就是，不插嘴，在一旁守护着，然后在适当时候宣布比赛结束，千方百计让孩子转换心情。仅此而已，不难做到，请您做做看！孩子一定会立马破涕为笑，继续玩，接下来进入新一轮的争吵。

然后，在不远的将来，孩子们再也不吵架了，等到那一天就好了。

妈妈们的问题16

给三个女儿买东西真费劲

我家是仨女孩儿，可能是因为她们相互只差两岁的原因，买东西的时候她们肯定起口角。比如，我让她们各选一样不同的，可奇怪的是，三个人偏偏都选同一种。结果就是，我家东西很多都是一式三份。我让她们买不重样的，大家换着用，可谁都不愿意。

还有，下面两个小的出生月份相同，一起买生日礼物的时候，老大肯定趁机揩油，非得给她也买点儿什么不可。我也想断然拒绝，可最后总是拧不过她……我听说“孩子跟父母要东西，经常是因为父母关心不够”，真是这样吗？

3岁、5岁和7岁女孩的妈妈

佐佐木正美解答

**在给孩子买东西的事情上，
每个家庭最好制定一个规则。
我个人认为，让某个孩子委曲求全未必是好事**

别人挑的东西
总是莫名其妙地吸引人

我是三个男孩的父亲，十分理解这位母亲的心情。我也遇到过同种情况，确实挺伤脑筋的。

孩子真是不可思议，他们总是莫名其妙地喜欢同样的东西，不管是衣服还是玩具。作为父母来讲，我们希望孩子能买不一样的东西，哪怕是颜色不同也好呀！一个要蓝的，另一个要绿的。可惜，最开始一个孩子选了，另一个也跟风要相同的。没办法，最终还是买了颜色和形状都一模一样的东西。

我也不清楚这样好还是不好，因为从没有人对此进行过追踪调查，没有人比较过一方委曲求全和大家选择一致这两种情况的区别。

话说回来，人就是如此。别人有什么，自己也想要，看看成人的行为就知道了。不是有很多人都想要同一品牌的名牌包吗？女高中生的裙子，不管天气多冷，不都是齐刷刷的一样短吗？拼命攒钱买名牌包，天再冷也挨冻穿短裙，人类就是如此执著地追求“与人平分秋色”。这么一看，孩子想要和兄弟姐妹一样的东西，简直是小巫见大巫。

不过，家长有必要制定一个方针，比如某天不买东西，价格上限是多少。如果说好了“今天每人买一样”，那么即使三个孩子都选一样的，家长也要认可。突然让她们“买一个轮换着用”，她们不会心悦诚服。

有时候，大家想选一样的也没得选，因为东西原本就是一样只有一个，例如别人送的礼物。这种情况下，我有时让孩子们抽签决定，当着大伙儿的面儿制定一个规则，“抽签抽到谁算谁的，想更换可以过后单独交涉，但是如果对方不同意，也不许胡搅蛮缠”。**有时候，没能得偿所愿的孩子会哭闹一下，那很正常，我觉得也没必要因为他哭就批评一顿。**

不过生日的孩子也可以得礼物

生日礼物的问题，我也曾经烦恼过。我家孩子分别是11月、12月和4月过生日，11月和12月生的那两个孩子的生日并在一起庆祝时，就只有4月生的孩子没有礼物。他当然也想要啦，所以我们也给他准备一份礼物，然后等他过生日的时候，另外两个自然也能收到礼物（笑）。

严格说来，“11月生的11月给礼物，4月生的4月给礼物”，这种想法也没错，只是想让孩子理解这一点，似乎并不容易。我觉得，既然孩子认为不公平，那就同一天送给他们生日礼物吧，无所谓的事！但是我有言在先，11月要礼物的话，圣诞节礼物就没了。

当然，各个家庭可以按照自己的实际情况制定规则，如果您希望“礼物一年只买一次”，那么也可以和孩子们约好，“姐姐过生日的时候，你们也想收礼物的话，那你们过生日的时候就只有蛋糕啦！”**不管用什么方法，只要大人孩子都一致同意就行。**

孩子要东西，
很少出现大问题

我经常反复强调，“物质无法传达爱”。爱是靠双手、眼神、心灵传递的，金钱无法做到。给孩子买东西的行为，能带来的只有父母的自我满足而已。

虽然话是这么说，但是孩子“要东西”也并不代表她“缺乏爱”。想要和兄弟姐妹一样的东西，羡慕别人过生日，这种心情哪个孩子或多或少都有一些。不过，家长要注意观察，孩子这种情绪背后是否隐藏着某种强烈的欲求不满，或者父母是不是有什么地方亏待了他。

重点是制定“家庭规则”，不能别人家怎样咱家就得怎样，不是别人家有咱家就必须有。根据各个家庭的具体情况，以及父母的教育方针给孩子买东西，这是重中之重。让孩子学会控制物欲当然也是育儿的一项重要内容，但是没有必要过度限制，适度的物欲有时也是催发孩子积极向上的动力。

妈妈们的问题 17

姐姐一个劲儿地打扰弟弟玩!

我们家5岁的姐姐是那种对周围状况浑然不知的类型。地铁里让她安静点儿，她照样大喊大叫，给人的感觉就是，她浑身上下非得有个地方动一动才舒服。弟弟正好相反，是将周围情况全看在眼里，特有眼力见儿的那种类型。

最近，姐弟俩终于能玩到一起了，但是姐姐总搅和弟弟，弟弟说多少遍“别别别！”“你走开！”她都充耳不闻，最后惹得弟弟动手打她，两人干一架。“小的干扰大的”我倒是经常听说，我家孩子怎么是“大的惹小的”？这么一想，我不禁怀疑是不是自己的教育出了问题。大女儿动不动就大声喊叫：“妈妈，看我！看我！快看我！（只看我）。”我绝对不是一味地批评大女儿，她表现好的时候，我也可劲儿夸她。5岁的孩子也许还做不到，但我还是希望女儿能够有点眼力见儿、有爱心。

2岁男孩和5岁女孩的妈妈

佐佐木正美解答

大的不能让着小的，有着情非得已的理由，家长首先要多疼爱老大

大的对小的不能保持友爱，这种情况很常见，无须悬着一颗心

孩子还小，大的欺负小的很常见，您不必自叹“教育方法不对”。

通常，一直以来都是独生子女的老大，看到弟弟妹妹出生，都会觉得爸爸妈妈被抢走了。更何况小的还什么都不会，处处需要大人的特殊照顾。老大见到这种情形，当然会吃醋、心有怨气，从而对小的刻薄。

这位妈妈认为孩子一般是小的搅和大的，其实那种情况只是发生在比较单纯的小纠纷上，比如“老大好不容易摆起来的积木，被小的给推倒了”之类。其实，通常情况下都是大的欺负小的。

您女儿经常喊“妈妈，看我！看我！快看我！（只看我）”就是因为她觉得妈妈的视线总是放在弟弟身上，这实际上是她欲求不满的表现。尽管您自认为对两个孩子“一视同仁”，可是在您大女儿眼里，情形可能是完全不同。

家里有老大和老二的情况下，他们的关系往往都存在这种倾

向，这时家长有必要优先考虑老大。遇到什么事情都先可着“姐姐”来，渐渐地她就会谦让弟弟了。表面上看似重视老大，实际上这是我们培养姐弟情深的一种育儿策略。

有的孩子善于观察周围状况，有的孩子则不擅长

这位母亲对女儿好像还有一件烦心事，就是女儿“不会观察周围状况”“对弟弟的话置之不理”。我很难判断您女儿是“故意为之”还是“毫不经意”。顺便说一下，过于特立独行、不善于抑制冲动，这种倾向也是ADHD的特征之一。仅靠这封咨询来信，我无法断言，只能给您提供一个参考，我觉得您女儿可能有轻度的ADHD。这类孩子很难辨别周围状况，察觉不到别人的不满情绪，您最好心里有个数。

不过，这孩子即便有ADHD倾向，症状也是非常轻的。只要家长多注意，不给孩子造成心理上的不安和痛苦，随着年龄的增长，她的症状大多会慢慢减轻、消失，所以您不必担忧。

“爱心”不能当大道理讲，它需要用情感来领会

这位母亲写道，“希望孩子有爱心”，很多妈妈都有这样的期待。那么，爱心是怎样养成的呢？

爱心可不是甩手不管就能自发养成的，只有在亲身感受到“别人这么对我，我很开心，那我也要这么对别人”的情况下，爱心才有可能萌生出来。您信中说：“5岁的孩子也许还做不到……”不是这样的，爱心和年龄没有关系，没爱心的人到了30岁照样还是没爱心。

希望孩子能够为他人着想，就必须让她亲眼目睹、亲身经历大量的此类言行。**想让孩子有爱心，就必须让她在日常生活中经常接触到“有爱心的行为”**。没错，父母全心全意地为孩子付出，“爱心”就会在她的小小心灵中生根发芽。

说起“教育孩子”，很多人认为孩子必须严加管教，反复批评教育。可是，家长要说的那些道理孩子们都懂。自己应该怎么做，错在哪里，不用家长教，他们自己也心知肚明。犯罪分子也是一样，明知道那是犯法的事，可还是照做不误。

重要的不是大道理，而是在情感上坚定信念，“我不干坏事”“我要让大家高兴”。为了培养孩子的这种情感，把您满心的关怀和疼爱给您女儿吧！首先第一步就是，在她喊您看她之前就把目光投向她、关注她。

妈妈们的问题 18

对使坏的大儿子，我做不到冷静批评

我非常喜欢孩子，不过对育儿之难深有感触。

4岁的大儿子经常抢弟弟玩得正欢的玩具，用脚踹挡着他看电视的弟弟，凡此种种，专干惹弟弟哭的事。这时候我也想对老大和颜悦色，有时候也抱抱他，不过该说的还得说："不许踢人！不许抢弟弟东西……你要是把弟弟弄疼了，我就替他给你还回来。你踢他，我就踢你；你打他，我就打你。你挨打、挨踢是什么感觉？"一心想教育孩子不做坏事，可是却经常把自己气得够呛，甚至有时候气得胃直疼。

我做不到冷静批评，这种批评方式是不是有问题？

2岁和4岁男孩的妈妈

佐佐木正美解答

动粗是孩子缺乏爱的心理表现，打回去、踢回去，只能火上浇油

想让孩子不动手，家长首先必须以身作则

如您所说，育儿不是一件容易事，其中有很多苦恼和困惑。而在困惑中点亮前进道路的，就是“我爱孩子”的那颗心。这位母亲有这份爱心，信的开头部分也写得一清二楚，所以您一定能成为好妈妈。

不过，踢打的批评方式绝对不可取。抚养孩子的过程中，批评、制止一类的情况确实无法避免，但是绝不能采取伤害孩子自尊心的方法，万万不能代替弟弟向哥哥踹回去。

假如您拂了您丈夫的意，被他打、被他踹，您是什么感受？是不是自尊心受到严重伤害？对待孩子也是同样道理。想让您大儿子懂得“不能打人”，您自身必须以身作则。忍不住打了孩子的时候，要向他道歉：“对不起！妈妈太生气了。”同时，态度一定要认真：“就像你打弟弟一样，妈妈也没控制住自己。儿子，真的对不起！”以后务必注意，再也不能打孩子了，一定要努力做到。

这么做，孩子的自尊心就能挽回了。

兄弟吵架，不是“使坏”，没必要批评

您家孩子的情况不过是孩子吵架，不要把它看成是老大“使坏”，看成“一项体育活动”就好了。即使小的被打哭了，您也不要批评、责备老大。您天天呵斥他“打弟弟”“心眼坏”，那么他永远也不会收手。越是批评，他的攻击性越强，对弟弟越是不会有好脸色。您的小儿子喜欢哥哥，就算被哥哥打、被哥哥踢，他还是要和哥哥玩，对吧？等到您不揪着老大批评了，他的粗暴举动自然就会慢慢收敛。

您的大儿子可能有非常强烈的欲求不满。保育园里爱动手打人、经常欺负人的孩子，多是心灵受到过伤害、有着曲折经历的孩子。欲求不满催生了暴力行为，越是被斥责、被否定，孩子的欲求不满就越严重。

家有几个孩子的情况下，父母要尽量重视大的孩子。首先是老大，其次是老二。这样老大才能快速自立起来，早早懂得礼让，理解并愿意让妈妈多照顾弟弟。

妈妈内心充实
可以带给孩子内心的充实和仁爱

最后，我再唠唠叨叨说几句。

不好意思，请允许我提一下我个人单方面的感觉。读了这封来信，我觉得，这位母亲是不是正处于孤独当中？您丈夫是不是没能帮到您？家庭是您放松身心的港湾吗？在数十年的临床活动中，我深有感触的一件事就是，妈妈在夫妻关系中得不到慰藉时，就容易对孩子苛刻。丈夫帮助育儿，不仅仅是给孩子换尿布、给孩子洗澡，还要看能不能帮妻子减轻心理压力，其实这才是最重要的。对于妻子的诉苦，丈夫应该认真倾听。

您现在的状态如果一直持续下去的话，您大儿子“对妈妈的基本信赖感”很有可能发生动摇。幼儿期如果没有建立起稳固的基本信赖感，孩子的攻击性就会愈演愈烈，或者容易窝在家里不见人（我不是说您的孩子肯定会这样，只是说有这种倾向）。

现在是非常时刻，您务必要和丈夫敞开心扉，和他商量对策，“我现在太累了，你能帮帮我吗？”您要寻求丈夫的帮助，如果不行的话，也可以找朋友或专门机构。

对仅仅4岁的孩子，您可不能跟他发火发到胃痛的程度。千万不能踢他、打他，拜托啦！

妈妈们的问题 19

老大我怎么也喜欢不起来……

我是4岁男孩和2岁女孩的妈妈，对两个孩子我做不到同等疼爱，为此感到非常苦恼。

长子有点儿神经质，缺少积极乐观精神，带他出去玩，他总是说“妈妈你来吧”“我不玩”。他还特别爱挑剔，干什么都慢半拍，同一件事跟他说了好几遍，他还像不知道似的……长女恰恰相反，积极向上，干什么都很麻利，我觉得她随我。可能是因为这个原因，她闹人的时候虽然带起来也很费劲，但我还是觉得她可爱。不知道是不是因为这个，女儿一到睡觉的时候，儿子也会凑过来撒娇：“我也困了，妈妈搂我。”有时他还会把脸贴到我胸上，或者亲一亲。他总想缠着我，我也觉得应该答应孩子，可我就是做不到。我每次把儿子推开之后，他好像越发黏人了。前几天，幼儿园老师告诉我：“最近这孩子不像以前那么活泼了，没精神头了。”我很苦恼，这孩子变成这样是不是因为我呀？

2岁女孩和4岁男孩的妈妈

佐佐木正美解答

大人多疼孩子，孩子就变得可爱。相反，过度苛求孩子可爱，孩子就变得不可爱

下边有幼子幼女的时候，家长都盼望上边的孩子快些长大

偏向幼子幼女的妈妈并不少见，特别是有几个孩子的妈妈，多少都会有一些偏向老小的感觉。

小的还小，需要人照顾，这时妈妈不知不觉就进入“无法照看老大”的状态。刚开始的时候，并不是因为喜欢小的才不管老大，而是因为孩子太小没办法。然而时间一长，不知不觉想法就变了，变成“有可能的话，不想照顾老大”，就会对孩子说，“你是哥哥（姐姐），妈妈希望你自己的事情自己做！”

可问题是，老大也还是个小不点儿呀！他也希望妈妈宠爱自己呀！然而妈妈却要求他早点儿有哥哥样。如此一来，老大内心当中的欲求不满，愈发不可收拾。

欲求不满一般通过“退行（倒退回婴儿状态）”或“具有攻击性”等形式表现出来。在妈妈眼里，这些行为看起来就是“都当哥哥了，还这么像小孩儿似的，真愁人”“都当姐姐了，却一点不知道疼弟弟妹妹，净惹事儿”。渐渐地，妈妈看不到老大的优点，认

为老大可爱的机会越来越少，对他也越来越严苛，导致孩子的“退行”程度和攻击性不断加剧，完全陷入恶性循环之中。这种情况绝不仅仅发生在这位母亲身上。

首先要重视老大，这样老大才能疼爱弟弟妹妹

我觉得形成这种恶性循环的根源当中，有妈妈“优先小的”这种无意识行为的存在。我常常说，希望家长在几个孩子当中“优先老大”。下面的孩子是后出生的，所以即便偏向老大，他们也会觉得理所当然，不会胡思乱想。

比如，妈妈在宝宝出生后和老大说：“右边的乳头是宝宝的，左边是你的，你先吃吧！”这样一来，老大一般都会拒绝：“我不要吃奶”（如果想吃就让他吃）。然后，妈妈再对宝宝说：“好咧！哥哥把两个乳头都让给你了，真是个好哥哥呀！哥哥好棒耶！”边说边喂奶。这时，老大的脸上会露出身为哥哥的自豪表情，我们的目的也就达到了（笑）。

诸如“哥哥先来！”这样的话，要在幼子幼女出生那天就开始说，接下来老大就会越来越有哥哥（姐姐）样儿，妈妈也就越来越舒心。**得到了妈妈的疼爱，老大也会渐渐爱护弟弟妹妹，越发让妈妈感到自豪，由此进入良性循环的轨道。**

大儿子只是缺乏“自我肯定感”

这位母亲信中写大儿子“神经质”，我觉得不像。他只是做事没有劲头，无法自己作决定，这种情况经常发生在没形成“自我肯定感”的孩子身上。所谓“自我肯定感”，就是指对自己有自信，觉得自己还不错。没有这种自信的话，孩子独自一人什么决定也作不了，也不能积极采取行动。

您要培养起大儿子的自尊心，让他对自己感到骄傲和自豪，让他觉得自己值得被妈妈爱。做法很简单，“你是哥哥，你先来”“你是哥哥，哥哥优先”，只要说一些类似的话就行。这样短短的几句话就能让孩子越来越有哥哥范儿。

另外，老大还需要多表扬。很多妈妈抱怨说：“我也想表扬，可他就没做过什么值得表扬的事。”不用非得表扬在行为上，您可以盯着孩子的脸看：“你的鼻子简直是和妈妈一个模子里刻出来的，眼睛像你爸爸，你不愧是妈妈和爸爸的孩子呀，真棒！”这就够了。“脚可真不小呀！”“声音真好听！”都行。哪怕是母子俩对视的一瞬间，也可以夸奖一下，“你刚才那个表情，真可爱！”仅仅几句话，孩子就能感觉妈妈完全肯定了自己，包括自己的人格在内。

孩子不是“因为可爱而被疼爱”，而是“因为疼爱才变得可爱”。需要迈出改变第一步的人，是妈妈。

第12章 孩子过于敏感怎么办

孩子充分享受父母的疼爱，
就能尽早自立。

妈妈们的问题 20

4岁的儿子对别的孩子在意得不得了

我4岁的儿子对衣服和随身物品非常挑剔，早上去保育园很久都走不出家门。他倒不是因为有喜欢的衣服，非穿那件不可，而是因为不知道大家（保育园的小朋友们）都穿什么，担心得要死。“大家是不是穿半袖啊”“大家会不会带雨伞呢”“大家穿不穿长雨靴呀”诸如此类，没完没了。有时候下小雨，我得准备普通的雨鞋和长雨靴，让他在保育园门口随时换。

真希望我家孩子能够不在意周围人的眼光，“我就是我！”“我不管别人怎么说！”

实际上我现在正在休产假，保育园的老师说：“这孩子知道您现在不上班，所以才磨您的。”但是，我家基本上所有事都是儿子优先，而且他也非常疼爱妹妹，经常带妹妹玩，给妹妹读图画书，也没有故意找碴儿、和妹妹争宠的迹象。对于儿子的偏执，我需要应付到什么时候呢？

6个月女孩和4岁男孩的妈妈

佐佐木正美解答

这孩子太想做个好孩子了。
家长要注意少表扬，也别过度批评，尽量不评价

不在意别人眼光的孩子，
都是没被父母管东管西的孩子

您儿子是个非常非常乖的“好孩子”。一般来说，4岁男孩根本不会想着给妹妹讲故事书，他也没和妹妹争宠，很疼爱妹妹，他“要做乖孩子”的念头特别强烈！

您在信中写道，这孩子比较在意保育园里小朋友们对他的评价。其实在家里，他就已经在留意旁人的眼光，也就是妈妈的眼光。他注意到妈妈希望自己做个什么样的哥哥，然后努力表现让妈妈夸奖自己，这孩子对这些事情特别敏感。

您儿子就是这种性格，妈妈必须在某种程度上对他撒手不管。**具体说来就是，不要过度表扬和过度批评，不要对孩子的一举一动都加以评价。**“我就是我”“别人怎么说我无所谓”，有这种想法的孩子，他们的父母都没对他们管东管西。相反，父母啰里啰唆，什么都插手，经常给孩子定标准，这种环境下的孩子，大多在意别人的眼光。被过度表扬的孩子也是如此，“表扬”也是一种传递父母价值观的讯息，它也制约着孩子的行为方式。

和吃药一个道理，正确的事“过度”也有副作用

父母总是情不自禁地在孩子做错事时加以批评，在孩子表现好时给予表扬，可是育儿过于趋向赏罚的时候，孩子就很难按照自己的判断行事，他们跟着父母的脸色走。

“多灌输孩子正确的事情，孩子就能做出正确的行为”这种逻辑是不成立的。正确的事情说得“适量”比较好。“最好这么做！”“那样可不行！”“你做到了，太棒了！”这样的话说多了，就如同吃药一样，必定出现副作用。孩子的一言一行只能围着父母的评价转。

但是，多少才算是适量呢？这个比较难判断。“体重多少斤的孩子一天最多说三次”，根本不可能像这样定量，只能是我们家长根据孩子的具体情况而定。如果说得力度不够，孩子还会轻易地犯同种错误。如果说多了，孩子就不会自己作判断，而是看大人脸色。父母如果能注意到孩子的反应，就能知道掌握多少分寸了。如果注意不到的话，那就干脆直接减少说教，因为大部分父母都是唠叨过度。

还有，我们最好让孩子在家庭中多多尝试失败，并给孩子营造出失败也无所谓的宽松氛围。**当孩子感受到失败也没什么大不了的时候，他就不会那么在意朋友们的看法了。**

孩子充分享受父母的疼爱，就能尽早自立

从信上看，您是一个非常认真的人。我觉得您不必为孩子操心太多，可以稍微放放手，孩子让你帮他的时候再帮，当然是高高兴兴地帮。

有些孩子让家长为自己忙东忙西，那是想多跟父母撒娇，他们希望父母围着自己转，妈妈们也许觉得这种孩子“不省心”。但是，在必要的时候为孩子操必要的心，这很重要。

我有三个孩子，他们的要求各自不同，有一个孩子看电视的时候专门愿意坐在我腿上看，小事一桩而已，不管什么时候看电视，我都把他抱在膝盖上。突然有一天，他“噌”地从我腿上跳下去，再也不坐了。变得就是那么快，快得让我觉得心里空落落的。

您儿子让您做什么，您就痛痛快快地答应，一直做到他满意为止，其他事不要管。

这样，孩子肯定很快就能离手，快得让您感到不适应，叹息自己白白担忧了一场。真的是这样的，快得让人恋恋不舍。

妈妈们的问题 21

畏手畏脚的儿子令人担心

上小学二年级的儿子对别人的态度十分敏感，总是一副小心翼翼的样子。可能因为这个，他交个朋友特别耗费心力。以前我动不动就说他两句，本意是想帮助他，然而脱口而出的全是责备的话。现在我想“家里还是求稳为上”，虽然想知道孩子一天过得怎么样，但我就怕问完了自己心里不踏实，所以干脆不问。

还有，儿子在外不能“当机立断”，去图书馆借书、帮朋友选生日礼物，每次都是一副痛苦的表情，很多时候都是我帮他作决定。偶尔儿子张口要东西的时候，我和他爸爸都觉得“这次如果不给他买，下次他可能再也不会提要求了”，所以我俩都是有求必应。

小学二年级男孩的妈妈

佐佐木正美解答

过于戒备他人是现代人的典型倾向，妈妈首先要在家庭中做到放松自己

面对妈妈时完全信赖，才能轻松面对他人

我觉得，过于在意别人的态度，对别人有戒备之心，这多多少少是现代孩子和年轻人的通病。我们大学里就有很多不会主动问好的学生，他们紧绷着一根弦，以至于连“早上好”都说不出来。不过，我先跟他们打招呼的时候，他们就会放松下来，满脸笑容地向我问好，这说明他们对人有强烈的不安全感，无法心情轻松地与人交谈。

“人不可怕”“还是好人多”，这些想法原本应该是在家庭生活中潜移默化地渗透到孩子心里的，但前提是孩子在妈妈面前可以放松心情、舒展情绪。孩子如果缺少对妈妈的彻底信赖感，他在面对他人时就无法身心轻松。

那么，孩子怎样才能在妈妈面前轻松自如呢？首先孩子妈妈必须生活轻松愉快。例如，与丈夫幸福温馨，与父母无所不谈，与朋友调侃解忧。妈妈必须有这样的人际关系。

家务和育儿都让人手忙脚乱，但是孩子妈妈也要有与丈夫或朋友独处的时间，这不可忽视。比如，咖啡馆里边喝边聊、去看电

影、晚饭下馆子等等。

父母不用太费心，孩子挑花眼的时候给他几个备选项就行

至于应该怎样应对孩子的这种情况，我觉得这位母亲做得很好。**不逼问孩子，尽管担心，也努力不碰触孩子的脆弱心灵，守护在孩子身边**……对待这种孩子，上面每一项都是父母必须做到的。

只是，我感觉您夫妻俩有些过于紧张了。孩子偶尔主动要东西，您担心“这次如果不给他买，下次他可能再也不会提要求”。您大可不必这么如履薄冰，跟孩子约定好，“多少钱的可以买，超出就不给买。”然后按这个规定行事就是了。

“选东西、定哪个”也有一个很好的训练方法。去图书馆借书的时候，对孩子说，“妈妈找到三本看起来你能喜欢的书，你选一本吧”，让他从少数选项中挑一个。习惯了以后，他自然就能随心所欲地选书了。

让孩子决定每天的菜谱也是个好办法，并不是每顿饭都让他决定，不定期地问问他就好：“儿子想吃什么？妈妈今天给你做！”以这种态度对待孩子就可以了。

这不是短时间内能解决的事，家长要耐心地打持久战

对于这种类型的孩子来说，耐心培养至关重要。不要指望短期内见成效，慢慢来吧！

“我要一步步来，照顾好这孩子”“这孩子有他自己的成长步伐”——孩子妈妈如果能抱着这种心态数年如一日地坚持下去，那么情况一定会好转。孩子只要有好转的征兆，家长就能满怀希望地把他拉扯成人。孩子哪怕只有一点点进步，那也是好兆头，这些小小的进步能让孩子在成长的道路上，一步一个脚印地踏实走下去。

我觉得这位母亲非常睿智，您对自己的性情和脾气了如指掌。也正因如此，您才容易忧虑过度、惴惴不安。

您来信咨询，这是一个非常明智的选择。此外还可以去育儿咨询中心，那里能为您介绍一些帮助解决育儿烦恼的机构或团体，您也可以试着上网查一查。如果您能够放松自己，加深人际交往，那就再好不过了。

第13章 爸爸妈妈自己的困扰怎么办

第一步：正视自己的问题。
如果不能抛开苦恼的根源，
我们就无法作出任何改变。
接下来一鼓作气，一举克服心理障碍！

妈妈们的问题 22

讨厌自己一发脾气就刹不住闸

我很清楚自己现在的状态，经常一烦躁就发脾气，然后训孩子没个分寸。尤其经期之前，这种情况特别严重。

我倒不会动手打孩子，可就是管不住自己这张嘴。骂完孩子之后，自己心里也不好受，觉得不配做妈妈。我也担心孩子在我身边养大，会不会学坏。

我家孩子吃饭慢，说她几次也不管用，我就更抓心挠肝的。心里明明知道，“她还是个孩子，吃得慢就吃得慢吧”，可脾气一上来就刹不住闸了，女儿经常偷偷瞟我的脸色。我不擅长和孩子亲密地搂搂抱抱，也不知道应该怎样带孩子玩。

4岁女孩的妈妈

佐佐木正美解答

自制力和自律力，形成于幼儿前期。父母宽容呵护的孩子，长大后具有很强的自制力和自律力

明知道不对，仍然无法控制住情绪，其深层原因在于童年的经历

这位母亲对自己过度的火暴脾气很有自知之明。您在信中说道，明知道发火不对，还是控制不住自己，禁不住拿孩子出气。也就是说，您无法按自己的意愿压制住心中的怒气和冲动。

控制自己情绪和欲望的能力，叫作“自制力”“自律力”。人的这种能力在幼儿前期，大约3~4岁时，有突飞猛进的提升。这一时期，孩子想自己动手，却多是力不从心，大人教了好几遍，他要么不会，要么做得慢。这时，父母要以宽容的心态对待孩子，这点非常重要。

孩子做不好的时候，父母要平心静气地一步步教他。孩子做不到的时候，父母要帮助他。“不会没关系，至于什么时候学会，顺其自然吧！”这种耐心等待，对培养孩子的自律力至关重要，因为这是在赋予孩子“决定权”。

在父母的等待中，孩子判断和确认自己的能力，自问“能”

或是“不能”，能干的就去做，不能的就放弃。这就是所谓的“自律”“自制”行为。这种行为不断积累，孩子内心深处就养成了自我控制能力。

没有自制力的父母，
恐怕很难培养出有自制力的孩子

相反，“你干什么呢？”“别磨磨蹭蹭的！”整天这样挨父母批评的孩子，根本无暇培养自制力和自律力。在贬低中长大的孩子没有自尊心，无法充满自信地做事情。

手脚麻利的孩子，也许不会被父母批评，但他们也只是看父母脸色、按父母要求做事而已，他们的独立判断能力并没有得到培养。不管是哪种情况，被“没有耐心的父母”“容易烦躁的父母”养大的孩子，恐怕很难培养出自制力和自律力。

读了这封来信，我感觉这位妈妈自己就是在这种环境中长大的。您是不是小时候总被父母批评得一塌糊涂？他们无法原谅您的失败？您是不是从小就承受父母的怒火？

如果是这样，那您非常不幸。但是，您不能让错误重演。

成年之后也可以培养自制力。亡羊补牢，为时未晚。不管年龄几何，现在开始还不迟。

良好的人际关系
是构筑和谐亲子关系的基础

人是在不断的依存和反抗中长大的。从来没有充分依赖过别人的人，应该也不知道如何反抗。因为不会反抗，您才把怒气撒在孩子身上。

最好的办法就是向您丈夫求助。如果您能和丈夫说出自己的烦恼，痛快哭一场，跟他撒撒娇、耍耍赖，那就再好不过了。假如您丈夫那里行不通的话，您也可以找生活顾问，去当地的育儿咨询中心也行。把您一直以来憋闷、无处诉苦的心情都倒出来，这样您就能“重生”了。

另外，与周围人建立“良好的人际关系”也非常重要。亲子关系也是人际关系的一种，在人际关系中不能“轻松愉快”的人，与自己孩子待在一起也无法“轻松愉快”。所以，您会觉得自己不擅长与孩子亲密接触，不会带孩子玩。

希望您能够重视与知心朋友的共处时间，您可以试着与学生时代的好朋友取得联系；在孩子幼儿园或家附近交朋友；或是与亲戚亲密交往，从中找到“快乐”“轻松”。我还建议您报名参加健身班或烹饪班，大家为同一目标而努力，是一件非常愉快的事情。

接下来，您要在此基础上，努力减少批评孩子的次数。昨天批评十次，今天控制在八次。一周之后，减少到五次……如此这般，一步步迈过关卡就搞定了。

妈妈们的问题 23

父母离婚，孩子很落寞

我去年离婚回到娘家，靠打短工抚养孩子。

我已经下定决心，不让孩子和我前夫见面，可是孩子很喜欢她爸爸，经常因为没爸爸而哭闹一番。虽然我告诉她“以后再也见不到爸爸了”“爸爸去很远的地方了”，她还是想爸爸想得不得了，一副落寞的样子。

现在，我父母和哥哥一起过，他们都非常疼我女儿。只是我每天工作，目前身体也不好，不能像从前那样细心照顾孩子。女儿让我陪她玩，我有时会心情烦躁地把她轰走。离婚前，我是家庭主妇，家附近有很多和女儿同龄的孩子，也经常几家大人一起带孩子出去玩。可现在，附近根本没有小朋友。

我很担心，女儿会不会因为缺乏母爱而内心空虚？

6岁女孩的妈妈

佐佐木正美解答

重中之重是：孩子是否对现在的生活心满意足。看到孩子的笑脸，妈妈也要感到幸福才行

见到爸爸，孩子未必就能得偿所愿

您孩子吵着见爸爸，也许您正苦恼于是否应该带她找爸爸。不过我觉得，就算孩子见到了爸爸，她也不会消停的。

这孩子肯定是觉得“自己现在的生活少了什么东西”，我认为她缺的不仅仅是“父爱”，还有“与妈妈共处的时间”“同龄朋友”“从前那样宽松的生活环境”，等等。但是孩子还小，她不清楚自己的生活缺少什么，所以她才会对最显而易见的事实，即“爸爸不在”这件事紧揪不放。

解决重点不是让孩子见爸爸，而在于，您家人现在能够在多大程度上，填补孩子内心的空虚。和妈妈的关系、和外公外婆的关系，如果孩子能够在其中获得满足，应该就不会再吵着“我要爸爸”了。

孩子喜欢什么？
妈妈观察一下，然后母女俩乐在其中

话说回来，这位妈妈刚开始工作，各方面还不习惯，身体也不太好，真的很不容易！不过，您不要以为没有充裕的时间，就不能满足孩子。

有一种坚定的心态必不可少，那就是“孩子的快乐就是我的快乐”。**光想着让孩子高兴还不行，妈妈独自高兴也不行，必须是妈妈看到孩子雀跃不已，自己也跟着心花怒放才行。**制造这样的亲子时间，可谓至关重要。

那么，这样的亲子时间怎样找呢？具体情况具体分析。不过，和孩子一起吃她喜欢的零食，不失为一个好办法。买一些果冻、布丁，母女俩一起吃。看到孩子吃得津津有味、美滋滋的，妈妈也会受孩子的感染而快乐起来，发自内心地觉得有孩子真好。孩子看到妈妈的笑脸，愈发感觉幸福……请您务必制造这种“母女俩乐在其中”的机会。

您还可以在休息日和孩子散散步，“天挺热，咱们喝点儿果汁吧！”自动售货机买一罐果汁，母女俩轮换喝。“这次妈妈喝”“下次轮到我”，孩子和您轮着拿果汁，一人一口，这件事也能让孩子感到快乐。

您家里好像人口不少，大家一起打扑克怎么样？最好是“抽王八”“空当接龙”之类靠运气决定胜负的游戏，人多，玩起来更有意思。

不过，我们不能只是单方面地取悦孩子。孩子玩得高兴，妈妈、外公外婆等人也都要乐在其中。否则的话，孩子的喜悦无法发自内心。

对于我们人类来说，与人分享喜悦的体验弥足珍贵。不管吃多么美味的蛋糕，不管比赛怎样大获全胜，如果没有人与自己分享喜悦，我们都不会有幸福感。

只有让眼前人幸福，我们自己才会感到幸福

您要带着强烈的自豪感，“我女儿的笑容，要由我这个妈妈带给她”。为此，您必须把育儿当作一种快乐。妈妈不幸福，孩子也会跟着不幸福。如果您心里觉得孩子是一个负担，那么她“想见爸爸”的念头永远不会消失。

因为离婚，您也许受到了很大的伤害，身体状况也不乐观，烦心事一定很多吧。您振作起来的最快捷径，就是看到孩子的幸福笑容。能够让孩子露出这种笑容的，只有妈妈。

有一句意大利谚语，我非常喜欢，它是这么说的：“地老天荒始终爱一个人，比爱全世界所有人更难。”

请您疼爱您的独生女儿，给她幸福生活吧！这么做，您一定能够发自内心地觉得幸福。

妈妈们的问题 24

看见女儿的大脸盘，我就心如刀绞！

我父亲是个公务员，他在家里说一不二，母亲凡事都听他的，他们和其他孩子的关系也不亲密。我觉得自己从小就是看大家脸色长大的，拼命学习，力争优等生。我得到了老师的偏爱，在学校也一直都很拔尖。

只是在小学六年级的时候，有个男生三番五次地喊我“大脸妹”，我郁闷极了，却没有一个可倾诉的人。我对自己脸大这件事耿耿于怀，但我一直表现得若无其事，仿佛这件事没发生一样。

然而，女儿刚一出生的时候，助产士告诉我“宝宝头很大，个子也高……”那一瞬间，有关脸大的痛苦回忆一下子涌上我的心头。

对于女儿的出世，我高兴不起来，看到她我就惶恐不安，甚至臆想她要是死了才好呢……纠结到这种地步，一定是因为我不喜欢自己。我活到现在从没在任何人面前撒过娇，丈夫也是遇事就让我拿主意，跟他根本交不了心。我们母女俩怎样才能觉得“活着真好”呢？

3岁女孩的妈妈

佐佐木正美解答

您的日子过得很艰难啊！为了孩子，也为了克服心里的创伤，您要认可自己，带给孩子幸福

童年没有养成自我肯定感的人，都存在这种痛苦

只因为您女儿脸盘大一些，您就痛苦到这种地步，可想而知，您心里受了多少煎熬。

这位妈妈小时候，父母没有培养出她真正的“自我肯定感[①]”。父母越是不宽容，孩子的“自我肯定感”就越薄弱，愈不能对自己感到骄傲，甚至厌恶自己。

人是不能靠一己之力喜欢上自己的。首先，离开别人的认可，不被别人喜欢，我们就无法看得上自己。“自我肯定感”真的很简单，也确实十分脆弱。

这位妈妈没有真心感受过幸福，也没有遇见可以让您放下心理负担的人或事。即便如此，您还是努力学习，蝉联优等生，成为值得他人信赖的人。您因为过度压榨自己，恐怕已经精疲力竭了。问

---

① 即“我就是我，我的存在意义重大”的自信。

题不在于您女儿脸盘的大小，而是您自身的自我肯定感出了问题。

心理治疗的第一步：正视童年受到的伤害

我的诊室那里也有这样的妈妈来咨询，她们因为自身不幸的成长经历，无法全身心地疼爱自己的子女，苦恼不堪。

这种妈妈心理治疗的第一步，就是正视自己的问题，“我无法对孩子敞开胸怀，是因为小时候心灵受过伤害”。不能抛开苦恼的根源，我们就无法作出任何改变。只是这个原因隐藏在我们内心最隐秘的地方，很多人根本意识不到。

不过，这位妈妈在信中坦诚直言自己的成长历程，也就是说，您能够自己发现痛苦的真正原因，真的很了不起！您已经艰难地走到了今天，接下来要做的就是一鼓作气，一举克服心理障碍。

让家人感到幸福，自己也跟着幸福

为了克服心理障碍，我们有必要重新培养小时候错过的“自我肯定感”。为此，我们必须被某人真正爱戴、真正珍视。

怎样才能得到别人的爱呢？“你要爱我！”“你要喜欢我！”这可不是动动嘴皮子就能得到的。

首先，我们要从自身做起，哪怕是一点点小事，也要为他人着想。看到对方喜悦之情溢于言表，我们自己也高兴得不得了——请您多积累这种体验，它是人际关系的基本。**当我们能把别人的快乐也当作自己的快乐的时候，良好的人际关系就形成了。**

看着别人兴高采烈，而自己却很苦闷的时候，我们无法感到幸福。注意周围人的脸色，扮演优等生的时候，这位妈妈恐怕并不觉得“取悦别人是自己的快乐”，所以您感觉不到幸福。

不能再重蹈覆辙了，您要把别人的快乐当成自己的快乐。

比如，您给孩子读她喜欢的图画书，孩子一定很高兴。看到孩子喜悦的脸庞，一股幸福感应该从您的心底涌起。您还可以带着孩子一边泡澡一边玩耍，悠闲自在。

和您丈夫找一个共同爱好，这也是一个好办法。两人一起乐在其中，相视一笑，您会感觉“真幸福”。不能“同甘”的夫妻也无法“共苦”，您首先要从和丈夫共享快乐时光做起。

最难熬的日子已经过去了，从现在开始，您要通过带给家人幸福，自己也变得幸福。

最后一点，我觉得您还可以把小时候的坎坷心路，向父母和盘托出。“毕竟过去这么长时间了，现在我想说一说”“我已经不恨你们了”，这样把当时的煎熬都说出来。如果能得到父母的道歉，或许您会好受一些，如果能够原谅他们那就更好了。

妈妈们的问题 25

我无法原谅母亲

我母亲是那种“别人都错，就我一人对”的人，没有朋友不说，对我父亲更是满腹牢骚。因此，在懂事以前，我就被母亲灌输父亲的坏话，以至于我一直都觉得他不称职，从不跟他交心。但如今，我和知心丈夫组建了美满的家庭，有了两个孩子之后，我终于发现，父亲是对的，是我母亲偏激。现在我母亲每次来我家都会说父亲的坏话，还说：“你能大学毕业、结婚生子，这些全靠我。”而且她全盘否定我和我的育儿方式。

父亲和弟弟说：“她的性格改不了了，你就睁一只眼闭一只眼得了。”可是我做不到视而不见、听而不闻，也根本无法说服她。尽管已经过去很久了，我还是无法原谅她，我恨她自私自利，有时候一想到她以前曾经说过的话，心里就翻江倒海的。我怎样才能走出痛苦，专心育儿呢？

未满周岁女孩和4岁男孩的妈妈

佐佐木正美解答

对人际关系感到不满或绝望的人，无法对他人嘘寒问暖——我们要帮这样的人填补缺失的爱

如果得不到足够的爱，即使两鬓斑白也可能心智不成熟

读了这封来信，我感觉非常揪心。这位读者的母亲，她的童年经历该有多么不幸啊！

我们每个人的成长都要依次经历婴幼儿期、儿童期、青年期、壮年期、中年期和老年期。在每个不同的时期，我们理应获得各种不同能力的提升，以及体验不同的经历。人的成熟过程没有“跳级”一说，如果在某一特定时期里还残留着未完成的课题，就会阻碍后来的发展，这种情况并不是只发生在孩子身上。

前几天，我的一个学生，他在老人福利院工作，对我说：“老师，就像您教给我们的那样，确实有一些心智很不成熟的老年人，我能够感觉出来，他们的问题可以追溯到他们的婴幼儿时期。”他还说，“这些人整天满腹牢骚，一不顺心就赖别人，不知道是不是这个原因，他们家里人几乎都不来看他们。”

在人的成长过程中，最重要的莫过于婴幼儿时期。在这一时

期，被别人无条件地接纳，对未来走向成熟起着至关重要的作用。不过即使在这期间内没有被充分接纳，在后来的成长过程中，如果能得到父母或其他监护人的疼爱、恋人或配偶的关爱，也能补回婴幼儿期缺少的爱，从而逐渐成熟。反之，不管年龄有多大，如果得不到足够的爱，与人相处没有踏实感的人，即使两鬓斑白也依然以自我为中心、思维幼稚。

看了来信，我感觉您母亲很可能有这种不幸的经历，说不定时至今日，她已经对所有的人际交往彻底绝望。

爱已枯竭的人，
需要他人的关怀来滋养

缺少关怀、不被接纳，不管年龄多大，这些都可以弥补，到了老年也为时未晚。话虽如此，就像欠债利滚利一样，时间拖得越久，越需要更多的时间和毅力改变现状。

有人关爱这位老妈妈吗？数十年如一日，她把丈夫批得一无是处，和孩子们相处得也不融洽，也不见她怎么疼爱孙子辈。

能改变她的，也许非您莫属，唯有您这个女儿还知道来信咨询母女关系。您打小就没有得到父母的充分疼爱，而且耳边响起的总是母亲对父亲的指责，您在父母不和的环境中长大。好在，您遇到了好伴侣，相信爱情，组建了幸福家庭，真的很幸运。您缺少的那部分关爱，已经由您丈夫和两个孩子补齐了。

把您的幸福分一点儿给您可怜的母亲，怎么样？**分享幸福就是“共同感受喜悦”**。比如，给母亲买她爱吃的点心，和她一起吃好

吃的，像这种日常琐事就行。您家附近如果有老年会所的话，给她报名参加旅游或聚会等等，让她过得充实愉快，那就更好了。

简而言之，如果我们不能在与人的交流中释放压力、放松神经，那么一切都无从谈起。

切断母女缘分，您真能幸福吗

您也许会问：“我对妈妈很讨厌，干吗非得关心她？”这封信是您写给我的，是您要诉说自己与母亲的感情纠葛！如果切断母女缘分，您心里肯定会不好受的。想要活得没有痛苦、没有怨恨、没有纠结，您就要立即改善与母亲的关系。母女间必须有爱，哪怕是淡淡的爱也行，这么做是为了您自己，也为了两个孩子。

正如您小时候目睹父母吵架一样，您的两个小孩子也会见证妈妈和外婆的紧张关系，他们可能在无形中由此产生“对人的不信任感”。您明白吗？我们人活着，如果不能在人际交往中发现快乐，就不可能获得幸福。

有可能的话，您还可以让丈夫帮忙。您丈夫应该是在温馨幸福的家庭氛围中长大的，让他多关心一下岳母：“妈！您喜欢这种点心吧？我给您买了一些！”“出差的时候，我看见这个了，您尝尝好不好吃？”

妈妈们的问题 26

丈夫对二女儿暴跳如雷，我想改变他

我非常担心两个女儿和我丈夫的关系。女儿们还小的时候，丈夫天天给她们洗澡，每逢周末还带她们去公园玩，是一个非常称职的爸爸。但是，孩子们上幼儿园之后，他就像变了一个人似的。特别是我家二女儿嘴特别硬，不会说对不起，丈夫有时会大发雷霆，骂一些难听的话。

我给丈夫提意见，结果就是吵架，他说我："你别事不关己高高挂起，不懂装懂！"孩子们甚至和我说："我们喜欢妈妈，爸爸不要也罢。"

不能再任由情况发展下去了，我要改变现状，我应该从哪里入手呢？

5岁女孩和小学二年级女孩的妈妈

佐佐木正美解答

你丈夫和孩子起冲突的时候，能调和他们的人非您莫属，这是考验您“心智成熟”的时刻

自尊心受到伤害的人很难诚恳道歉

我估计，您二女儿大概是被她爸爸批评得伤自尊了。当人的自尊心受到伤害的时候，根本说不出道歉的话。说谎也是同样道理，为了维护自尊，孩子们有时不得不编瞎话。孩子不能真诚道歉，责任在父母，这点您首先要明白。

不过，您丈夫把孩子逼成那样，恐怕也是因为他伤了自尊。至于原因是什么，根据来信我无法臆断，或许是工作上有不顺心的地方，或许是上司比较严苛，抑或是得不到妻子的认可……不管是哪种情况，您丈夫一定是处于孤立无援的地步，无论是在家庭还是在职场。

当我们的心灵得不到满足，觉得自己不被周围人认可时，我们最具有攻击性。做妻子的要了解丈夫的心思，对于痛斥女儿的丈夫，您信中用的字眼是“提意见”，被人提意见，通常都是火上浇油。

比起稍嫌复杂的讨论，有一个更简单易行的解决办法，那就是您丈夫让女儿道歉的时候，您替孩子说对不起。大家小时候做错事的时

候，有没有奶奶或者邻居家的大娘护着？她们对我们父母说："我替这孩子道歉啦！"我母亲就经常替邻居家孩子向他们父母道歉。

正在气头上的两个当事人，很难各退一步。这时，处于旁观者立场的人，最好能够站出来调和双方，让他们有个台阶下。

有些不成熟的父母，无法接受孩子萌生自我意识。这点令人担忧

我比较担忧的是您丈夫"孩子们上了幼儿园之后，他就像变了一个人似的"这一点。

上了幼儿园以后，孩子渐渐就不那么任由父母掌控了。父母觉得"这样这样孩子肯定高兴"，结果孩子根本不感兴趣。有时候孩子甚至会顶撞父母。

不成熟的父母，无法接受这种"不能随自己心愿"的孩子。也就是说，他们"只能爱那些听自己指挥的人"。

能够接纳别人，这是成熟的标志。小孩子接纳别人的能力较弱，他们只会主张自我。然而在现实中，很多家长的容忍能力还不如孩子，这是一件挺可悲的事情。遗憾的是，这种情况还绝不少见。

成熟的父母看到敢于与自己唱反调的孩子，会觉得"倍感欣慰"，因为他们见证了孩子的成长，父母就应该是这样的。

构建“幸福家庭”，首先必须努力构筑信赖关系

如今这个时代的人，“家人团结一心，为了某个目标共同努力”的意识非常淡薄。一而再、再而三地离婚、再婚的人，父母发生什么事也不管的铁石心肠的人……都太多了。

家人是构建信赖关系的基本单位，如果没了家人间的信赖关系，那么所有层面的信任都将灰飞烟灭。

然而，我们不经过努力，就无法组建家庭。“丈夫（妻子）不是心目中期待的那样”“孩子不是自己想要的那样”，这种想法每个人都有。将来孩子长大成人了，他们也不可能按照父母的意愿生活。

这时，做父母的不应该与孩子疏远，不应该拒绝往来，而应该像孩子还在襁褓中那样，一如既往地以宽广的胸怀，温暖地包容孩子，认可他们的成长。

您要让您丈夫和孩子感到幸福！在这个家庭当中，恐怕唯有您一人可以称得上是“心智成熟的人”。

我们要把带给家人幸福作为自己的幸福，并以此为荣。

第14章
小问题，大学问

7个小问题，

与您分享日常生活中的育儿大学问。

问：我家孩子特别爱吸手指，怎么才能让他改掉这个毛病？

答：最好多陪他，让他没工夫吸手指。

吸手指、咬指甲、摆弄性器官，孩子的这一系列行为大多是因为缺乏大人的爱抚。很多情况下，孩子反复刺激自己身体的某个部位，这种行为的根源在于婴幼儿期的性冲动没有得到满足。大家听到“婴幼儿期的性冲动”一词，可能会吓一跳，**这里指的是大人的爱抚、家长与孩子的身体接触。**

也许有些家长觉得自己孩子不缺大人的爱抚。确实，有的孩子被父母宠溺着，但他也喜欢吸手指。不过，孩子需要的抚爱以及亲子互动的量，是因人而异的，适时适量地满足他们对爱的需求非常重要。

让孩子改掉以上毛病，家长不必生气上火，也不用批评教育或是给孩子什么附加条件，只需多抱抱孩子就行。如果孩子已经大了，那就在泡澡时多和他聊天，泡澡闲聊是亲子间最好的身体接触机会。

另外，家长还要观察一下孩子吸手指是在什么时候。如果孩子习惯睡觉时吸手指，我们可以握住他的小手，给他唱摇篮曲。如果孩子习惯看电视时吸手指，我们就把电视关了，把孩子抱在腿上，给他讲故事书。

一般情况下，这些毛病需要几个月才能改过来。**父母要做好思想准备，一定要想办法把孩子缺失的那份爱，原原本本地补回来。**

问：是不是因为我家对孩子“过度保护”，导致孩子不愿意去严厉的亲戚家？

答：有必要教育孩子，不该做的事情不能做。

孩子知道自己做错事的时候，不管你是柔声细语地教育他，还是大发雷霆地批评他，他都会接受。如果孩子觉得“那个阿姨真吓人，很讨厌”，恐怕他是对挨批评这件事本身，心里不服气吧。

原因大致有两种。一种情况是，在自己家里不挨批，但在别人家却挨批，“我家明明可以的嘛！”孩子有可能不适应。您正好可以趁这个机会，让孩子认识到，别人家有别人家的家规，各家批评孩子的方式也会有所不同。

另外一种情况就是，家长平时没有告诉过孩子，做错事理应受到批评。“做错事就得挨批”“做错事必须跟人家道歉”，父母必须把这些常识给孩子讲清楚。而且，不能是讲过就算了，我们还要确认孩子有没有真正听到心里去。

对孩子过度保护具有非常重要的意义，我们要尽可能地满足孩子的要求。但是，我们必须跟孩子交待好，什么事情千万不能做，这也是家长的一项重要任务。我对欺负弱者和偷东西这两件事，态度极其坚决。我告诫孩子们，就连自己哥哥弟弟的一颗玻璃球，也不能不说一声就拿走。孩子如果触犯这种原则性问题，我们有必要狠狠批评教育一番。

问：佐佐木医生，您叮嘱过孩子好好学习吗？对孩子的前途，您是怎么看的？

答：不管家长叮不叮嘱，愿意学习的孩子自然会学习。

我没督促过孩子学习，反而告诉他们："想让爸爸帮忙的话，随时吱声啊！"每当我对孩子说"这道题爸爸给你做，你做那两道就行了"的时候，他们就高兴得不得了。

说到我家孩子是不是成绩挺好，也不是。愿意学的学得好，不愿意学的也很差。不过，他们三个现在都从事着自己期望的工作（虽然经历了一段迂回曲折），没什么好担心的。

老大原来一直梦想当小号演奏家，但是老师说他吹小号不会有大成就，一番纠结后，他最终成为一名物理学家。老二喜欢动漫，他说高中毕业后要到动漫界打拼，我觉得那也不错，就求朋友给他介绍了一位动漫制作公司的社长。最后他听那位社长的建议，入读美术大学，如今在做电脑图形方面的工作。老三两次大学退学，他倒不是那种不爱学习的人，我尊重他的意愿。后来他发现自己适合做社会福利，现在正从事这方面的工作。**我该做的事情，就是根据孩子们的愿望，帮他们找老师、找地方，仅此而已。**之后就看他们自己的本事了。

有人听到我孩子的职业后问我："您是医生，居然一个孩子也不往医生方向培养？"听到这样的疑问我很哑然，父母的工作和孩子的职业完全是两码事嘛！

问：我家孩子特别偏食，怎么才能让他正常吃饭呢？

答：孩子不想吃的东西，没必要硬逼着他吃。

不愿意吃就不吃，想吃什么就吃什么。营养价值再高的东西，如果孩子吃得愁眉苦脸，那就没有健康可言。

我家就采取这种方针。我家的惯例是，菜都放在大盘子里，感觉自己能吃就盛出来尝尝（严禁倒回去），喜欢了再盛，不喜欢就不盛。我家就这么自由，不过三个孩子中有两个，到了小学低年级的时候就不再挑食了。

只有一个孩子，到了初中仍然偏食。记得他上小学的时候，我曾经给他班主任写过一封信：“孩子偏食是家长的责任，如果我家孩子由此生病或者不长身体，责任都在父母。学校的饭菜，他剩就剩吧，老师不必管他。”然后老师回信说：“您儿子非常健康，上学从来不请假，我丝毫不担心。”别看儿子当时偏食到那种程度，现在他什么都吃得下。

还有过这么一档子事。一个儿子对晚饭的菜样好像不太满意，有点儿闹情绪，妻子就冲他说：“那你别吃了！”于是，我带他去外面快餐店，让他随便点。最后，他点了一碗杂炊①和一杯冰激凌苏打水，吃得津津有味。

可能有人会问，我这么惯孩子，以后他会不会经常对妈妈做的饭菜挑三拣四？其实不然，那是唯一的一次回忆。

---

① 大米饭里放入切碎的蔬菜、海鲜等，加入用酱油、日本大酱等调味的汤汁，然后煮成粥状。

问：我家孩子很少去外面玩，我想让他学一些运动类的技能。有什么需要注意的地方吗？

答：学习技能不能替代玩耍，您一定要给孩子创造和朋友开心游戏的机会。

对孩子来说，玩耍有多么重要，本书已经强调过很多次了。学习体育技能无法代替玩耍，这点家长务必牢记。

举个例子，假如您家附近没有空地，孩子们没法玩野地棒球，所以他们都去参加当地的棒球队。孩子们身穿漂亮的队服，一旁有优秀的教练陪着，他教给孩子们准确击球和投球的方法，然后两队比赛，一争高低，父母也充满期待。此时，像“某某打得不好，但他不用三振出局”那种野地棒球规则就行不通了，孩子们的世界被封杀，他们无法在棒球中与朋友分享欢乐。

我曾经做过一个小实验，让儿子的棒球队提前三十分钟结束练习，剩下的时间玩躲球游戏。那场景和练习的时候截然不同，棒球队的少年们玩起躲球大战时，欢声四起，情绪高涨。**孩子们脱离了大人的评判和干涉，尽情地、自由自在地玩耍时，就会活力四射、光芒耀眼，这才是孩子的真性情。**

孩子在孩童时代，如果没有完全显示出“孩子气”的那一面，将来很难成为思想成熟的大人。能让孩子气尽显无遗的，就是玩耍。家长不要误以为每个月交着学费，让专业人士教孩子体育技能，就比自由玩耍更有价值。

问：如今的社会，对孩子们来说生存不易。家长个人的力量虽小，但能为孩子做些什么呢？

答：给孩子打造可以尽情玩耍的空间。

我的余生有一个愿望要实现，就是创建“大众广场”。这只是暂定的名字，我现在还在考虑中。

修建广场的目的，是希望能让孩子们在那里尽情玩耍。不过，只是孩子自己来还不够，必须吸引大人带着孩子一起来，那里还必须成为苦恼于育儿的家长们的福地。使用“大众广场”这个名字，是因为那里是大众交流的场所。

具体的事情还八字没一撇，不过当过保育员的朋友，还有很多志同道合的人士，我们大家开学习会的同时，开始逐步讨论具体的实施问题。学校的空教室或者某处空地都可以纳入考虑范围。如果无法常年开设，那就每周开放几次也行。我们如果只是口头上抱怨孩子没有玩的地方，那于事无补，必须行动起来。大家必须在各自的居住地逐一创建这种场所。我未来的人生，将全部奉献到这项事业上。

如果您有孩子，那么有一件事您立即就能办到，那就是把自己家向小朋友们开放，最好明天就开始，哪怕是每周开放一天也行。周末可以邀请孩子的朋友及家人一起出去玩儿，如果孩子已经上小学了，也可以只邀请孩子出去。仅凭这一点，您的孩子就会心情雀跃，眼睛发亮。

各位家长不妨一试！